L.I.E. 영문학총서 제6권

익시온의 고뇌

멜빌 작품에 나타난 예술가의 초상

김옥례 지음

L. I. E. − SEOUL
2007

머리말

　멜빌(Herman Melville, 1819-1891)은 자신의 시대에는 정당한 평가를 받지 못했다. 그럼에도 진실의 소리를 담을 수 있다는 확신 속에서 그의 창작과정은 수 없이 이어진다. 그러나 계속되는 대중들의 무관심과 비판에 그는 1857년 『사기꾼』(Confidence Man)을 출간한 이후 소설 집필을 중단하고 뉴욕세관에서 부검사관으로 20여 년이나 일하게 된다. 탄생 100주년 무렵 부각되기 시작한 그의 위대한 작가 혼은 결국 좌절을 딛고 바로 생애 말기에 다시 한 번 일어서서 자신의 예술관이 응집된 『빌리버드』를 창작해 낼 수 있었던 그 저력에서 찾아 볼 수 있다고 생각한다.
　미국사회라는 제한된 틀을 벗어나서 상선과 포경선 선원생활, 그리고 남태평양 섬에서의 다양한 경험을 한 뒤 시작된 집필 작업에서 그는 개인과 사회의 관계를 조망하는 거시적인 인식의 틀을 보여 준다. 아울러서 그는 시대를 뛰어넘었던 자신의 사유를 열린 공간에서 표출하기 위해서 고심한다. 일반사람들의 기대와 소수 명민한 지식인들의 요구를 동시에 수용하고자 하는 것이다. 따라서 멜빌은 소설의 거리, 극적인 양식, 상호반영적인 텍스트들, 열린 구조의 텍스트 등 고도의 기법들을 사용함으로써 현대에 이르러서도 그에 대한 전폭적인 연구 성과들을 이끌어내고 있다.

멜빌은 자신이 살았던 19세기 미국사회, 즉 물질적인 번영에도 불구하고 개인들의 자유로운 사고와 독자적인 판단이 엄격하게 통제되던 어두운 현실에 대해 고뇌하고 그 해결책을 제시해보고자 애쓰던 작가이다. 특히 그는 당시 멕시코 등 주변 국가들을 통합해 나감으로써 미국 제국주의의 기틀을 형성해 나가는 것이 바로 신에게 부여받은 명백한 운명이라고 주장하는 자국민들의 허위의식, 종교가 제 구실을 못하고 정치에 이용되던 부당한 실상을 토로하고 비판한다. 그 상황의 심각성은 이러한 현실에 대해 번민하며 그 해결책을 강구해보려고 애쓰던 지식인들조차 지배 이데올로기의 덫에서 벗어나기가 힘들다는 점에서 볼 수 있다고 멜빌은 역설한다.

모든 위대한 작가들의 공통점은 다양한 해석의 틀을 그들 작품 안에 담고 있다는 점에서 찾을 수 있다. 필자는 그 동안의 멜빌 연구에서 작가는 두 가지 유형의 예술가들의 삶을 통해 사회비판에의 화살을 던지며 아울러서 질곡의 삶에서 벗어날 수 있는 대안 책을 제시했다는 주제에 초점을 맞춰왔다. 기존의 여러 학자들의 연구에 덧붙여서 이 해석이, 작품에 대한 고고학적 탐색과정에서 얻어낸 이 작은 지류가 멜빌의 세계를 이해하는데 한 걸음 더 다가가는 계기가 되었으면 하는 바램이다.

멜빌과 동시대 작가로서 유복한 가문 출신이었던 호손(Hawthorne)은 그의 사후에도 보스턴 근교의 콩코드(Concord)라는 아름답고 예술적인 전원도시에 있는 작가들의 동산(Author's Ridge)에서 앨콧트(Alcott), 에머슨(Emerson), 쏘로(Thoreau) 등과 함께 묻혀 있어서 보는 이들의 마음을 따뜻하게 한다. 반면에 멜빌은 뉴욕의 중심지인 맨하튼에서 1시간 가량 지하철을 타고 가야 도달할 수 있는 어둡고 외로운 분위기의 브롱스(Bronx) 지역에 있는 '우드론 묘지'(Woodlawn Cemetery)에 아내 엘리자베스와 함께 누워있다. 다른 동료 작가들과 떨어진 채 그는 고적하게, 중산층들이 주로 묻혀있다는 그 곳에서 영면을 취하고 있는 것이다. 그의 묘비 위에 차곡차곡 쌓여 있던 돌들만이 그를 흠모하는 독자들로부터 위로를 받고 있는 멜빌의 모습을 보여줘서 다소 위안을 삼을 수 있었다. 지난 해 여름 주말 아침, 주룩주룩 비 내리던 그 곳, 그 넓은 묘지를 방문했던 단 한 명의 참배객으로써 느꼈던 깊은 인상은 쉽게 잊혀지지 않는다. 모쪼록 이 작은 논문집이 그를 위로하는 미소한 방편이라도 되기를 바랄 뿐이다.

멜빌을 처음 만나게 해 주신 윤정옥 선생님, 그 뒤 문학공부에 많은 가르침을 주셨던 조정호, 나영균, 서숙 선생님께 감사의 말씀을 드린다. 그리고 몇 해 전 불쑥 방문했음에도 멜빌을 존경하는 동료로서 연구방향에 대해 진지한 대화를 나눌 수 있는 기회를 주었던 MIT의 Wyn Kelley 교수에게도 감사의 마음 전한다. 부모님, 공부하는 며느리를 아껴주셨던 돌아가신 시아버님도 많은 힘이 되어 주셨다. 다른 유명 관광지 방문을 뒤로 한 채, 반 강요에 못 이겨 피츠필드(Pittsfield)의 화살촉(Arrowhead) 농장, 뉴베드퍼드(New Bedford) 항, 낸터키트(Nantucket) 섬 등을 여러 번 답사해야 했던 가족들의 인내심에도 경의를 표한다. 마지막으로 1994년 피츠필드 지역을 처음 방문했을 때 각고의 노력 끝에 우리를 무사히 화살촉 농장에 안내해준 막내 제부의 노고에도 고마움을 표한다.

2007년 8월

김 옥 례

목 차

I. 19세기 미국 예술가, 그 순수한 모순 / 13

II. 예술가 토모의 딜레마 / 35

III. 이스마엘: 19세기 미국 예술가의 초상 / 61

IV. 아합: 현실초극의 예술가 / 83

V. 월스트리트의 예술가들 / 111

VI. 반영극적인 기법을 통해 살펴본 「베니토 세레노」의 예술가들 / 139

VII. 예술가의 초상: 멜빌의 단편소설 「피뢰침 사나이」와 「피들러」를 중심으로 / 163

VIII. 비어선장: 이상적인 예술가 / 183

허먼 멜빌(Herman Melville 1819-1891)

1866년 뉴욕세관 부검사관으로서 멜빌의 취임 선서문

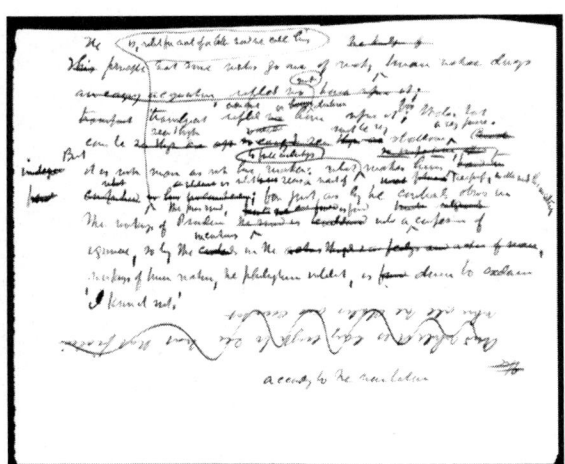

교정과정 중에 있는 멜빌의 원고

멜빌이 그의 창작 절정기(1850-1863)에 거주했던 Pittsfield의 Arrowhead 농장

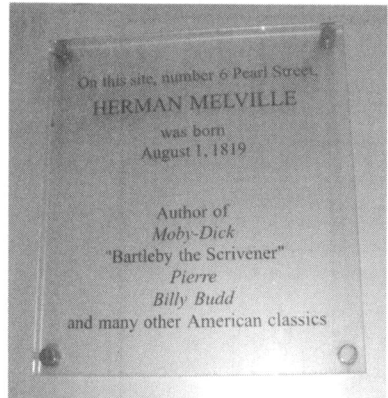

남부 Manhattan 지역의 멜빌 탄생지에 있는 기념 표지판
(6 Pearl Street, New York)

멜빌이 그의 노년기를 보낸 Manhattan 지역
(104E 26St, New York)

멜빌이 노년기에 자주 산책했던 Madison Square

Woodlawn Cemetery 정문(Bronx, New York)

멜빌(왼쪽)과 아내 엘리자베스(오른쪽) 무덤의 묘비
(Woodlawn Cemetery)

Ⅰ. 19세기 미국 예술가, 그 순수한 모순

멜빌만큼 자신의 시대를 의식한 작가도 드물다. 따라서 그의 작품세계는 19세기 미국사회와 불가분의 관계를 맺고 있다. 우리는 멜빌에게서 골드만(Lucien Goldman)이 지향하는 바, 참다운 작가로서의 면모를 찾아 볼 수 있다. 골드만은 진정한 작품의 창조가 작가 한 사람의 역량에 그치는 것이 아니라 그가 속하는 집단의 산물이어야 한다(8)고 주장한다.

19세기 중엽 미국사회는 산업화의 물결로 기존 가치관이 붕괴되고 계층 간의 갈등이 그 어느 때 보다 심화되던 시기였다. 국내적으로는 물질적인 번영이면에 빈부간의 격차와 정신적인 빈곤 등으로 어두운 상황이었으며 대외적으로는 주변 국가들을 통합해 나감으로써 이른바 '미국제국주의'(American Imperialism)를 구축하고 있었다. 그러나 팽창주의 정책과 산업발달로 인한 경제번영과 더불어 서부개척민들이 발견한 인간에 대한 신뢰와 무한한 가능성에 대한 긍정적인 태도는 19세기 미국사회에 낙관적인 분위기를 조성하게 되었다. 따라서 어두운 사회실상을 은폐하기 위한 허위의식이 그 어느 때 보다도 짙어지게 된다. 가령 팽창주의 정책을 합리화하기 위해 미국인들은 신의 선택을 받은 민족이며 자유민주주의의 수호자로서 자신들이 지니고 있는 '명백한 운명'(Manifest Destiny)은 자국의 영토를 확장함으로써 자유민주주의의 체제를 넓히는데 있다고 주장한다.

낙관주의적 견해를 표명하는 대중적인 대변인들과 뚜렷이 구분되는 소수 통찰력 있는 지성인들은 반대의견을 보였다. 이를테면 브리스베인(Fourierite Albert Brisbane)은 그의 저서, 『인간의 사회적 운명』(*Social Destiny of Man*)에서 "19세기 미국 사회에는 단조로움, 획일성, 지적인 무력, 불신, 고립, 갈등, 적대감이 보편적이고 사회는 정신적으로 불모지와 다름없다"(Maxwell 144)라고 말하고 있다. 멜빌의 경우도 폭넓은 경험과 날카로운 통찰력으로 사회실상을 직시하였다. 멜빌 집안은 19세기 중엽 현대화과정을 겪던 미국사회의 급격한 변모에 적응하지 못함으로써 파산한 전형적인 '쁘띠 부르조아지' 계층이었다. 그리하여 멜빌은 노동계층으로 전락하는 경험을 갖게 된다. 부유한 수입상이었던 아버지의 갑작스런 파산과 죽음으로 그는 12세부터 가족의 생계를 잇기 위해 삶의 현장에 뛰어 들어야만 했다. 학교를 그만둬야 했고 그 뒤 은행원, 가게 점원, 수로 안내인, 농사일, 초등학교 교사, 광부, 상선과 포경선 선원생활을 했다. 특히 19세 때부터 시작된 선원생활의 경험은 낙관주의가 주조를 이루던 미국사회에 대한 일반적인 평가에 쉽게 동조하지 못하며 고뇌하던 멜빌에게 사회를 보는 역동적인 시각을 부여해 주게 된다. 즉 그는 사회모순에 대한 통렬한 인식을 하게 된다. 해상생활에서도 개인에게 가해지는 권력의 구조를 파악하게 되며 이는 바로 현실사회의 압축판에 불과함을 파악하게 되는 것이다. 또한 그는 이질적인 문화권들과 접촉하게 됨으로써 각 국가들은 자신의 이익을 도모하기 위한 이데올로기들을 보편적인 진실로 오도하고 있다는 사실을 깨닫게 된다. 멜빌은 19세기 중엽 강화되고 있던 미국의 '명백한 운명'이라는 이데올로기도 이의 일환에 불과함을 인식하게 된다. 즉 정치논리로 형성된 이데올로기를 보편적인 이상주의로 합리화하며 이런 시각에서 벗어나려는 개인을 용납하지 않는 현실을 서구사회에서, 그리고 태평양의 섬 사회에서도 발견하게 된다.

그의 작가생활은 이러한 깨달음을 토대로 하여 시작되었다. 멜빌은 팽창주의, 인디언 말살정책, 노예제도를 비롯한 당대의 중요한 정치적, 사회적인 문제를 자신의 작품에서 주요 주제로 다룬다. 그는 4년간의 항해의 경험 이후 시작한 창작과정에 있어서 개인에 대한 사회의 전면적인 구속력에 대한 분석을 주변인들의 내면적인 시각으로 생생히 전달하게 된다. 따라서 멜빌은 노동과 억압이라는 용광로 속에서 자신의 예술적 상상력을 단련시켰으며 그래서 희생당하는 계층의 시각으로 미국사회의 면모를 통찰해 낸 사회의식이 강한 작가(Franklin 34)라는 평가를 받게 된다.

멜빌 자신이 활동했던 19세기에는 『타이피』(*Typee*) 등 초기작을 제외하고는 독자들의 관심을 끌지 못한 채 거의 잊혀 진 작가였으나 20세기 초엽, 즉 1921년 위버(Raymond Weaver)의 멜빌 전기, 『허먼 멜빌:선원, 그리고 신비주의자』(*Herman Melville:Mariner and Mystic*) 발간을 계기로 그에 대한 재평가 작업이 시작된 이래 그의 작품은 가장 널리 읽히며 자주 논의되고 있다. 이제 그는 트웨인(Mark Twain), 제임스(Henry James), 포크너(William Faulkner)와 더불어 미국의 대표적인 작가로 평가받고 있다. 자신의 시대에는 대중적인 해양소설작가로 간주되었던 멜빌이 특히 20세기 후반에 이르러 많은 학자들의 연구대상이 되는 것은 예술가의 진리탐구 작업이라는 보편적인 주제를 19세기 문학적인 관습의 테두리를 뛰어 넘어 저자와 화자의 거리라는 고도의 미학적인 기법으로 제시하고 있기 때문이다. 이념의 그물에서 벗어나지 못해 상처받는 개인들의 문제는 문학에서 다뤄지는 일반적인 주제이며 멜빌의 경우도 이로 인한 19세기 미국 지식인들의 고뇌를 그의 모든 작품에서 일관되게 다루었다.

멜빌은 첫 작품을 발표할 때부터 출판사의 요구를 수용할 수밖에 없는 현실에 직면하게 된다. 친구와 포경선을 탈출해서 함께 지냈던 남태평양 섬에서의 경험을 토대로 집필된 처녀작 『타이피』는 런던에 공사관 서기로 취임하게 된 형 갠즈부어트(Gansevoort)가 당대에 명망이 있던 출판업자, 머레이(John Murray)에게 의뢰해 1846년 2월 런던에서 출판하게 된다. 뒤이어 3월 17일 뉴욕에서도 출판되었고 두 나라에서 성공을 거두었었다. 결국 그는 편집자의 요구대로 선교사들의 활동과 서구 제국주의 문명에 대해 비판한 부분을 수정하게 된다. 따라서 개인의 자유로운 사고가 억압당하는 사회현실 속에서 진리탐구 작업을 예술가의 사명으로 인식하는 작가 멜빌은 '은폐와 은닉'의 방법에 의존해서 집필할 수밖에 없었으며 그 대표적인 기법이 소설의 거리이다.

자신의 작품을 일반 사회가 제대로 받아들이지 못하는 문제에 직면한 그는 메시지를 늘 두 가지 차원에서, 즉 각기 상이한 화자와 저자의 시각에서 그려내는 전략을 취하게 되었다. 그로 인해 그의 작품에 대한 비평가들의 논란이 끊이지 않고 있다. 소설의 거리에 대한 작가의 인식은 1850년과 1851년 『문학세계』(Literary World)에 익명으로 발표한 「호손과 그의 이끼」("Hawthorne and His Mosses")에서도 뒷받침 되고 있다. 자신의 총괄적인 예술론이자 소설미학을 보여주는 이 호손론에서 멜빌은 그의 작품은 '버려진 아이', 즉 허구의 작가가 쓴 것이라고 말한다.

> 모든 뛰어난 책들이 아버지와 어머니가 없는 버려진 아이들이라면…
> 우리는 표면상의 작가를 포함 시키지 않고 책을 예찬할 수 있을 것이다.
> (『호손과 그의 이끼』 536)

따라서 작품에서 허구적인 작가역할을 하는 화자와 그의 창작품에 대해 일정한 거리를 두고 아이러닉하게 응시하는 저자의 시선을 포착해야만 독자들은 진정한 작품이해에 도달하게 된다.

멜빌은 당대 미국사회가 신의 뜻을 실현시켜 나가고 있다고 보는 낙관적인 평가들과 달리, 고정된 틀에서 벗어나지 못한 획일적인 사회임을 통찰할 수 있었다. 기존 이데올로기가 개인의 의식저변에 까지 영향력을 미치고 있어서 의식 있는 예술가들조차 이러한 상황에서 예외가 아님을 깨닫는다. 따라서 그의 소설들에서는 공통적으로 기존 의식구조에서 벗어나고자 애쓰는 예술가들의 여정을 객관적으로 그려낸다. 진상을 쉽게 해독하기 어려운 현실 앞에서 고뇌하며 진실을 추구해 나가는 예술가의 여정을 그리는 멜빌 작품에서는 늘 두 가지 유형의 예술가가 등장한다. 작품 속에 진실을 담아야하는 예술가로서의 당위성과 이를 저버리도록 강요하는 시대적인 요구사이에서 갈등하다가 결국 현실에 타협하는 예술가가 첫 번째 유형이다. 반면에 끝까지 현실이 가하는 압력에서 탈피하며 진실을 담고자 애쓰는 예술가 유형이 있다. 멜빌은 이를 예술가들이 걸어야만 하는 길로 제시한다.

멜빌의 소설들은 공통적으로 화자라는 등장인물을 통하여 당대의 전형적인 작가들의 모습을 그려낸다.(Dryden 29, Bell 222) 그의 소설들에서 화자들은 극화되어 그들이 설명의 대상으로 삼는 인물들과 마찬가지로 생동감 있는 작중인물로 만들어진다. 즉 진실을 담아내고자 자신의 창작 작업에 대하여 치밀한 관심을 기울이고 있는 자의식적인 작가로서의 면모가 박진감 있게 그려진다.

멜빌 작품에서 화자들은 자신들의 이야기가 진실하다고 주장한다. 이데올로기의 전면적인 통제 하에 있던 상황 속에서 대부분의 예술가들은 진리를 밝혀내고자 하는 의도를 갖고 창작활동을 시작하게 된다. 그러나 진지한 의도에도 불구하고 그들은 결국 기존 이데올로기를 옹호하는 작품들을 창작해내게 됨으로써 그들의 의도와 결과사이에는 큰 간극이 벌어지게 된다. 따라서 그들은 진실한 메시지를 담기 위해 또 다른 집필 작업에 몰두하게 되는 끊임없는 고뇌에서 헤어 나오지 못한다. 가령 그의 대표작 『모비딕』(*Moby-Dick*)의 화자 이스마엘은 소설 초반부터 자신이 사회의 추방자임을 강조하려 하나 오히려 죽음과도 같은 현실에 매달려 있는 모습을 반복해서 보여준다. 현실의 원리를 그대로 따르곤 하는 자신의 한계에 번민하게 되는 예술가 이스마엘의 면모는 끝없이 회전하는 바퀴의 움직임에서 벗어나지 못하는, 즉 기존 이데올로기 주위를 맴도는 익시온(Ixion)의 고뇌로 그려진다.

> 되풀이해서 빙빙 돌며, 그리고 서서히 회전하는 바퀴의 축에 있는 단추 같은 모양의 검은 색 물거품 쪽을 향해 끊임없이 폭이 좁아지는 원 모양을 그리며 또 다른 익시온인 것처럼 나는 빙글빙글 돌았다. (470)

저자의 통찰력은 이들의 제한된 시도도 미소한 범위 내에서는 허위의식에서 벗어날 수 있는 계기가 되고 있음을 알아낸다. 멜빌은 이들 예술가들의 창작과정을 통해서 그들의 고뇌에 대한 연민을 표하며 또한 그들의 한계를 통해 사회모순점을 비판한다.

그동안 대부분의 비평가들은 하워드(Leon Howard), 길만(William H. Gilman), 밀러(Ediwin Haviland Miller) 등의 자서전적인 접근방법을 따라 멜빌 작품을 분석해내고 있었다. 이러한 전기적인 접근방법은 작품의 미학적인 특성을 과소평가하게 될 소지를 안고 있다. 또한 평자들은 멜빌 작품이 전형적인 19세기 문학적인 관습을 따르고 있는 것으로 파악함으로써 소설의 거리에 대한 인식을 하지 못하였다. 그러나 베임(Nina Baym)이 지적한 바처럼 멜빌은 그의 예술이 꽃 필 수 있는 적절한 문학형식을 찾아 끝없이 탐구해간 실험적인 작가로서 기존 형식에 얽매이지 않는(916) 독특한 특징을 지닌다. 1980년대에 이르러서 듀반(James Duban)과 삼슨(John Samson) 등 소수의 비평가들이 멜빌 작품에 대한 기존의 시각에서 벗어나 현대적인 특성들에 주목하게 되었다. 이보다 앞서서 1940년대 말경의 올슨(Charles Olson)은 멜빌 작품이 지니고 있는 예술성에 주목한 선구자적인 비평가로서 그의 작품 해석의 출발점으로 'archaic narrative'에 주의를 기울일 것을 권고한 바 있으나(Sealts 104) 대다수 비평가들의 무관심으로 이 관점은 거의 사장되다시피 하였다.

멜빌은 소설의 거리나 이데올로기와 내레이션 사이의 밀접한 상관성 등에 대한 미학적인 관심사들을 뒷받침으로 하여 심도 깊은 사회비판 작업을 주요 작품들에서 해낸다. 이러한 작가적 특성을 삼슨과 듀반이 주목한 바 있다. 가령 삼슨은 다음과 같이 말한다. 멜빌은 신화화된 종교가 정치적으로 이용되어지는 상황이나 이데올로기에 의해 사회가 전면적으로 통제되어지는 상황, 또한 이를 유지해 나가기 위해 교묘하게 조장되고 있는 혁명적인 영웅주의 등 당대 사회가 안고 있는 지적인 현상들에 대한 탐구로부터 출발한다. 나아가서 그는 그러한 상황을 낳게 된 근본적인 메카니즘에 대한 통찰을 하고 이를 벗어날 수 있는 방법까지 제시하는 복합적인 사회비판 작업을 이루어 낸다.(217)

소설의 거리에 대한 이들 비평가들의 인식으로 멜빌에 대한 새로운 비평의 지평이 열리게 되었다. 삼슨은 1989년 집필한 *White Lies*에서 멜빌 작품에 등장하는 화자의 존재를 '자신에 무지한 주인공'으로 규정하면서 이들의 여정은 전통적인 교양소설(Bildungsroman) 형식과 그 궤도를 달리한다고 설명한다. 화자들의 여정은 세상에 대한 성숙한 인식을 지니게 되는 것으로 끝나는 것이 아니라 편파적이고 자기모순적인

'white lies'라는 기존 이데올로기 속에 더욱 깊게 빠지게 된다는 것이다. 그리고 화자의 언행이 일치되지 않는 특성과 화자가 다른 책들에서 인용하고 있는 부분들이 원전에서 어긋나 있는 점들을 통해서 저자는 진실에서 어긋나 있는 화자의 면모를 제시해 주려 한다(1-21)고 삼슨은 분석한다. 듀반도 1989년, 멜빌 화자들의 이데올로기에 관해 발표한 논문에서 시대를 앞서가는 멜빌의 작가적인 특성에 주목하여 신빙성 없는 화자의 문제에 천착한 멜빌의 통찰력은 20세기 현대작가인 조이스, 콘라드 등에 버금갈 만한 것이라고 평가한다. 그는 멜빌 작품의 화자들이 공통적으로 지닌 기존 이데올로기 옹호자로서의 면모에 주목하면서 멜빌이 화자들을 통해 당대 작가들의 한계를 비판하고 있음(350-66)을 통찰한다. 이들보다 앞서서 비평가 톰슨(Lawrence Thompson)의 경우도 1950년대에 발표한 저서, 『신과의 투쟁』(*Quarrel with God*)에서 멜빌의 후기작, 『사기꾼』(*Confidence Man*)의 화자가 "매우 진부하고 어리석으며 깊이가 없는 기독교인"(300)의 관점을 보여준다고 비판한 바 있다.

  소설의 거리가 강조된 작품에서는 화자의 도덕적, 지적인 특성을 명확히 평가해야 그 주제를 올바르게 규명할 수 있다. 전통적으로는 화자를 위시한 작중인물과 작가는 거리를 두지 않은 채 밀접한 관계를 형성하고 있다고 보았다. 반면에 20세기 후반의 구조주의자들과 후기구조주의자들은 단순히 텍스트를 구성하는 한 요소로 파악하였다.(김욱동 166-67)

  대표적인 소설이론가 바흐쩐(Bakhtin)과 부스(Booth)의 입장을 보면 우선 부스는 현대소설의 자의식적인 화자들의 대부분이 작가와는 완전히 구별되는 신빙성 없는 작중인물로 극화되어 있다고 말한다. 그는 분명히 드러나 있건 감추어져 있건 간에 작가의 관점은 항상 작품 속에 존재한다고 주장한다. 작가가 아무리 비개인적인 태도를 취하려고 노력

하더라도 독자는 불가피하게 글을 쓰는 공식기록자의 상을 구성하게 된다고 본다. 멜빌의 경우도 그의 「호손과 그의 이끼」에서 진정한 독자는 함축된 작가의 실체를 파악할 수 있다고 말한다.

> 독서를 하는 동안 바로 뒤이어 작가와 그의 지성에 대한 이상적인 이미지를 독자 스스로 마음속에 그려보지 않으면 어느 누구도 위대한 작가를 읽어낼 수 없고 깊이 음미할 수 없다. 여러분이 올바르게 그것을 추구한다면 거의 언제나 작가가 어디선가 자신의 모습을 드러내는 것을 발견하게 될 것이다.
>
> (『호손과 그의 이끼』 547)

멜빌은 독자를 '피상적으로 책을 대충 훑어보는 사람'과 작가의 깊은 영혼의 근저에 다가가는 '날카로운 관찰력의 소지자' 등의 두 가지 유형으로 나눈다. 그는 자신의 작품에서 진정한 메시지를 포착해내는 지적인 독자의 깊이 있는 독서행위를, 작가와 공저자로서 작품의 의미를 창조해내는 그들의 적극적인 역할을 기대했다. 그들은 '깊이 잠수해서' 작가의 의도를 꿰뚫어 볼 수 있으며 이들만이 호손 작품이 담고 있는 어둠을 통찰해 낼 수 있다고 말한다. 이 날카로운 관찰자들은 위대한 천재작가들이 제시하는 숭고한 진리를 발견하기 위해 시간을 갖고 인내해 나가는 심미안을 지닌 극소수의 사람들로서 작품을 깊이 읽어낼 수 있다고 설명한다. 멜빌 작품에서 화자의 이야기들은 "반쯤 암시하고 반쯤 밝히는"(『모비딕』88) 서술기법을 사용해서 "세심하게 고려된 무질서한 특성"(『모비딕』304) 의 방식으로 엮어진다. 따라서 독자들은 『빌리버드』부제가 제시하듯 이들 화자의 표면적인 이야기 속에 함축되어 있는 '또 다른 이야기'(an inside narrative)를 읽어낼 수 있어야 하는 것이다. 이들 지적인 독자가 발견해 낼 수 있는 이상적인 작가의 초상은 다음과 같이 그려진다.

> 한 사나이가 별로 신경 쓰지 않은 옷차림으로 들어 왔다. 그는 사색적인 사람으로 보였지만 학자라고 하기에는 다소 너무 대충 매만져진 모습이었고 억세 보였다. 그의 얼굴은 기운차게 활력이 넘쳤으며 그 이면에서 더 섬세하고 예리한 특성을 지니고 있음이 보여졌다. 처음에는 거친 특성을 지니고 있는 것 같았으나 이는 그의 강한 지성을 속속들이 달굴 만 한 영향력을 지닌 넓고 따뜻한 마음의 빛으로 부드러워졌다.
> 그는 자료제공자에게 나아간다. 그리고 아주 단호하고도 진지한 시선으로 그를 힐끗 바라보았으므로 아마도 그 시야에 미치지 않는 곳에 있는 비밀들은 거의 없었을 것이다. '나는 진리를 추구한다'라고 그가 말했다.
> (「호손과 그의 이끼」 547~48)

부스는 작품 내에서 작가의 판단은 이를 찾아낼 줄 아는 사람에게는 분명히 드러난다며 이를 '함축된 작가'(implied author)라는 용어로 설명한다. 따라서 그는 작가가 쓰는 실제의 소설과는 판이한 소설을 쓰고 있는 신빙성 없는 화자와 독자를 끌고 나가는 함축된 작가사이의 거리를 인식하는 것이 실제비평을 위해서 매우 중요하다(158)고 밝힌다.

바흐찐은 작가와 화자를 위시한 작중인물간의 연관성을 대등한 입장에서 대화를 나누는 관계로 규정한다. 그는 하나 이상의 다양한 의식이나 목소리들이 완전히 독립적인 실체로서 존재하는 다성성 문학에서 작중인물들은 작가적 언술의 객체에 해당되며 동시에 그들 자체로서 의미 있는 언술의 주체에 해당된다고 본다. 그리고 작가가 소설 속에 일단 들어오게 되면 화자의 언어를 통해서 간접적으로 나타나기 때문에 독자는 이런 작품에서 두 가지 서로 다른 층을 느끼게 된다. 다시 말해서 작가는 자신의 관점을 작중화자와 그의 말을 통해서만 드러내지 않고 작중화자의 관점과 구별되는 다른 관점을 작가 스스로 제시함으로써 서술자의 이야기 내용에 영향을 미친다는 것이다. 그리하여 우리는 이야기와 이야기의 전개 속에 드러나는 작중화자의 성격을 읽어내는 동시에 이야기 내용에 함축된 작가의 의도를 간파하게 되는 셈이라고 본다. 만일 작가자신의 의도를 파악하지 못하면 작품이해에 실패하게 된다(313-14)는 것이다.

멜빌 자신이 이러한 소설의 거리를 의식했던 작가였음은 그의 예술론의 '초안'격이라고 볼 수 있는 처녀작 『타이피』 서문에서부터 찾아볼 수 있다. 여기서 제기되고 있는 중요한 문제점들은 '주제와 서술기법, 시간과 기억의 중요성, 화자의 역할, 내레이션 자체에만 독자의 주의를 기울이게 하기 위해 사용된 수법들, 실제 사건들과 이를 소재로 하여 씌어진 글들과의 관련성, 특히 저자와 독자, 그리고 화자와 청자의 내적인 긴밀한 연관성'(Dryden 34-38, Porter 85-92) 등에 관한 것이다. 처음부터 멜빌은 화자와 내레이션 문제에 대해 많은 예술적인 관심을 지니고 있었던 것이다. 그는 사적인 글들에서도 저자와 화자의 거리를 밝히고 있다. 이를테면 『모비딕』 집필 후 호손에게 보낸 편지에서 '사악한 이야기'를 했음에도 불구하고 자신이 "양처럼 결백하다"(Davis & Gillman(Eds.) 142)라고 말하고 있는데 이는 작가 자신이 냉정한 거리로써 화자의 관점을 비판, 극복해냈기 때문이다.

넉넉하지 못한 집안 형편으로 인해 정규교육을 제대로 받지 못했던 멜빌은 대신 문학클럽의 토론활동을 통해 자신의 지적 욕구를 충족시켜 나갔고 당대 대표적인 예술가들과 교류를 할 수 있었다. 아울러서 그는 지방신문들에 꾸준히 기고를 했다. 가령 『문학세계』에 「호손과 그의 이끼」와 같은 진지한 서평을 내는 등, 그는 장래가 촉망되는 작가로 인정받았다. 작가와 거리가 있는 화자의 면모를 통해 당대 예술가의 초상을 그리려던 멜빌의 의도는 호손론에서도 뒷받침된다. 이는 그가 남긴 유일한 문학 비평으로서 이 예술론의 화자, 즉 버몬트에서 여름휴가를 보내는 버지니아 사람의 시각을 통해 당대 전형적인 예술가의 관점이 제시된다.

이 예술론에서 두 가지의 목소리를, 즉 부스의 표현을 빌면 함축된 작가와 신빙성 없는 화자의 목소리를 들을 수 있는데 듀반도 다음과 같은 이유를 들어 이 예술론의 화자는 저자의 관점과 일치되지 않는 시각을 지니고 있다고 말한다. 이 예술론의 화자는 '젊은 미국인들의 종교적인 열광'(Young American Enthusiasm)이라고 통칭되던 맹목적인 국수주의의 특징을 보여주므로 한 때 이에 동조했다가 환멸을 느낀 저자가 화자의 입장에 동의할 이유가 없다((1989) 370-71)는 것이다. 멜빌은 1847년 8월 4일, 메사추세츠 주 대법관인 쇼(Shaw)의 딸, 엘리자베스(Elizabeth)와 결혼한 후에 3년간 뉴욕에서 살게 된다. 뉴욕생활 중 다익 킹크(Evert A. Duyckinck) 등 친구들로부터 많은 책을 빌려보게 되고 이른바 이들 '청년미국' 운동 그룹과 친하게 지내나 그 한계를 직시하고 결국 결별하게 된다. 그 뒤 1850년 피츠필드(Pittsfield)의 화살촉(Arrowhead) 농장으로 이주해서 1863년까지 그의 창작 절정기 동안 그곳에 칩거하게 된다. 이 예술론에서 호손의 작품을 읽고 그가 셰익스피어에 버금가는 위대한 작가임을 인식하면서도 화자는 이들 외국작가를 과도하게 칭찬하는 것은 삼가 해야 되며 반면에 미국 작가들의 업적은 더욱 인정해 나가야 한다고 주장한다. 그는 당대 작가들의 명성은 모나지 않은 주제들만 택하고 외국작가를 모방했기 때문에 얻어진 것이라며 차라리 작품의 완결도가 떨어지더라도 미국 고유의 독창성을 지니는 것이 더 중요하다고 밝힌다.

멜빌은 피츠필드의 농장에 살던 1850년 8월 5일 지역 문학인사들 모임에서 첫 대면하게 된 호손에게서 강한 인상을 받는다. 그 뒤 호손의 단편집, 『오래된 목사관의 이끼』(Mosses from an Old Manse)를 정독하게 된다. 그는 당대의 암울한 현실을 통찰한 호손의 인식에 깊이 공명하게 된다. 근처에 살던 호손과의 교류는 그 동안 자신이 지녔던 견해, 즉 당대에 지배적이던 초절주의와 낙관주의에 대한 자신의 의구심을 더욱 확고히 할 수 있는 계기가 되었다. 이후 멜빌은 「호손과 그의 이끼」에서 호손을 모델로 이상적인 미국 예술가 초상을 그렸다. 즉 호손을 "어떤 특별한 목적을 의도하지 않는…유쾌한 스타일을 지닌 상냥한 작가 — 그에게서 깊이 있고 무거운 상황을 기대하기가 거의 힘든, 세상사에서 물러난 천진난만한 사람—"(539)으로 생각해 왔으나 미국 사회에 대한 그의 깊이 있는 통찰을 파악하고 난 뒤 그에게 매료되었다고 말한다.

이 예술론의 화자는 남부 인으로서 노예 폐지론자들의 지역인 북부 뉴잉글랜드의 실제모습을 파악하고자 하나 현실에 직접 대면하기 보다는 호손의 『오래된 목사관의 이끼』를 통해서 간접적으로 고찰해 본다. 화자는 북부지방의 특성에 대해 책을 통해 간접적으로 살펴보는 자신의 소심함에 대해 진리가 지니고 있는 파괴적인 특성 때문이라고 합리화시킨다. 따라서 이러한 자신의 입장을 옹호하기 위해 무심결에 호손과 셰익스피어 등 위대한 작가들의 진리탐구 작업을 왜곡되게 설명한다. 그는 이들의 공통된 특성은 진리를 간접적으로 표명하는데 있다고 주장하며 예수조차 '비유적인 어조'에 의존해서 '애매모호하게 표현하는 작가'라고 규정한다.

> 셰익스피어가 지닌 그런 깊이 있는, 꿈꾸는 듯 한 특성들, 그가 직관적으로 인식하는 진리가 때때로 갑자기 밖으로 나타나는 것, 실재하는 것의 바로 중심에서 이를 짧고 신속하게 비추어 보는 것, 이런 점들이 바로 셰익스피어를 셰익스피어답게 만드는 특성이다. 햄릿, 타이먼, 리어, 이아고 등 어두운 인물들의 입을 통해서 작가는 교묘하게 말하거나 때

> 로는 상황을 넌지시 비춘다. 이는 무시무시한 진실이어서 어떤 선한 사
> 람도 제 정신으로 상황을 언급하거나 암시하는 일은 거의 광증에 가까
> 운 짓이다. 절망감으로 괴로워하며 미친 리어 왕은 가면을 찢어버리고 중
> 대한 진리를 이야기 하는 분별력 있는 광기를 보인다…이 거짓된 세상에
> 서 진리는 숲에 있는 겁먹은 흰 색 암사슴처럼 달아 날 수밖에 없으며
> 셰익스피어나 진리를 말하는 위대한 **기술**을 지닌 다른 대가들 경우에서
> 처럼 은연중에 잠깐이긴 하지만 교묘하게 언뜻 자신을 드러내곤 한다.
> (「호손과 그의 이끼」 541-42)

저자 멜빌은 위험을 감수하면서라도 현실에 직접 대면해야만 진실에 이를 수 있다고 주장하나 이 예술론의 화자는 진리에 대결하면 미치게 된다면서 현실과는 유리된 채 허구적인 세계 속에서 간접적으로 진리를 추구할 것을 권유한다. 따라서 그는 작가란 진리를 구현해 내는 위대한 예술가라기보다는 단지 '진리를 말하는 뛰어난 **기술**'에 통달한 능숙한 이야기꾼에 불과하며 현실과는 유리된 채 허구적인 세계 속에서 진리를 추구함으로써 자신의 안전을 보장받으면서도 '진실의 핵심'에 도달할 수 있다고 주장한다. 멜빌은 이 예술론 원고를 검토하던 과정에서 '**기술**'(Art)이라는 단어를 부각시키고자 처음의 소문자에서 대문자로 교정해나간 것으로 여겨진다.

특히 호손 작품에 등장하는 암흑의 세계에 대한 해석을 통해 이 예술론 화자의 시각이 확연하게 드러난다. 그는 사회악을 의미하는 '어둠'을 인간이 필연적으로 헤쳐 나올 수 없는 원죄라는 개념으로 설명하고 현실의 문제들을 해결코자 하는 이들은 결국 그가 시정하려는 악을 스스로 행하는 모순을 범하게 된다고 주장한다.

> 어둠이 지니는 이 거대한 힘은 선천적인 타락과 원죄에 관한 청교도
> 적인 관점에서 비롯되는 것으로 그 영향력에서 어느 누구도 벗어날 수

없으며 이 어두운 힘을 제거하고자 하는 이는 누구든 원죄를 저지르게
된다.

(「호손과 그의 이끼」 540)

이 논리의 토대가 되는 것은 17세기 퓨리턴들의 독특한 설교양식인 미국 예레미야(애가)(American Jeremiad)이며 이는 19세기 미국문학 작품에서 공통적으로 드러나는 서술양식이다. 이 양식의 주된 특성은 정치적인 쟁점들을 성서적인 교훈의 문제로 변모시켜 나가며 현실문제의 해결방법은 신의 은총에 의해서만 가능하므로 인간은 이를 해결하기 위한 어떠한 의미 있는 행위도 해낼 수 없을 것이라는 결정론적인 관점이다.(Duban(1983) 138) 즉 모순적인 사회현실을 신의 은총을 받기 위해 불가피하게 인내해야 하는 시련의 과정으로 간주한다. 이로써 기독교의 주된 목적은 특수한 사회체제의 이데올로기를 고수하기 위한 것으로 변형되게 된다. 멜빌 작품에서 이스마엘을 비롯한 화자들의 텍스트 골격을 이루는, 따라서 그들로 하여금 끝없는 번민에 빠지게 하는 논리는 바로 이 양식이다.

더 나아가 화자는 현실세계와 소설세계는 각기 별개의 것으로 작가란 원래 현실세계의 변혁에 직접 참여하는 인물이 아니라고 주장하게 된다. 그는 현실의 모순 점 들에 대해 고뇌하던 처음 의도에서 벗어나 위대한 작가들은 "자신의 시대와 합치되는 색조"(543)를 지니고 있다며 그들도 우리처럼 '거짓된 세계' 라는 기존 현실의 일원일 뿐 이라는 결론에 이르게 된다.

저자의 미학을 응집해서 보여주고 있는 이 예술론은 예술가가 사회문제에 고뇌하며 그 해결책을 찾고자 진실탐구 작업에 몰두하게 된 원래 의도와 달리 현실을 옹호하는 결론으로 나아가는 과정을 상징적으로 보여준다. 따라서 이런 예술가들은 뒤늦게나마 자신들의 주장이 그

릇된 것임을 깨닫고 탐구 작업을 다시 시작하는 반복의 회로에서 벗어나지 못하는 고뇌에 찬 예술가의 전형적인 면모를 보여주게 된다. 이 예술론을 통해서도 화자의 이야기 내용에 겹쳐 놓인 작가의 의도를 감지할 수 있으며 이러한 소설의 거리를 인식함은 멜빌 작품 이해에 있어서 기본 출발점이 된다고 여겨진다.

멜빌 작품은 객관적인 특성과 비 객관적인 특성, 둘 다를 지닌다. 작가가 주석을 붙이는 것이 예술성의 침해라고 보는 현대 비평경향에 대해 부스가 반대하고 있듯이(27) 멜빌도 『빌리버드』에서 진실을 담고 있는 예술작품은 완벽한 균형미를 갖추고 있는 것이 아니라 투박한 모서리를 지니기 마련이라는 자신의 예술관을 밝힌다. 즉 진실을 구현하는 작품은 완결되지 못한 형식을 갖기 쉽다는 것이다. 따라서 「베니토 세레노」("Benito Cereno"), 「바틀비」("Bartleby, the Scrivener"), 『모비딕』, 『빌리버드』 등 그의 작품들 대부분에서 발견되는 중심 텍스트 앞과 뒤에 위치한, 서문과 부록들로 인해 초래되는 투박한 예술형식은 전체 구성을 해친다기보다는 오히려 진리를 제시하기 위한 체계적인 구조를 구축하는데 기여한다(West 58)고 볼 수 있다.

> 전적으로 허구적인 이야기에서 이룰 수 있는 균형 잡힌 형식은 본질적으로 우화보다 사실에 더 관계가 있는 이야기에서는 아주 쉽사리 얻어질 수 없다. 타협하지 않고 표현된 진리는 항상 모서리를 갖게 된다. 따라서 그런 이야기의 결론은 건축적인 구성의 말미부분보다 완결미가 결여되기 쉽다.
>
> (『빌리버드』 405)

앞서 지적한 바 있듯이 그의 소설들은 지적인 독자의 동참을 요구하는 열린 텍스트로서 세심한 독해과정이 필요한 특징을 보여 준다. 저자는 마지막 작품에서 자신 소설의 이러한 특징을 더욱 확연하게 제시하고 있는 것이다.

비평가 카바나(James H. Kavanah)가 멜빌 작품에서 서술구조는 이데올로기를 텍스트로 산출해 낸 것(358)이라고 평한 바 있듯이 멜빌은 소설의 거리 뿐 아니라 작가의 세계관과 작품구조간의 긴밀한 상관성에 대해서도 깊은 관심을 보였던 작가이다. 현대소설 속의 자의식적인 화자들이 쓰고 있는 작품들은 작가가 쓰는 실제의 소설과는 다르듯이 멜빌의 주요 작품들에서도 화자와 저자가 쓴 두 가지 유형의 텍스트가 제시된다. 따라서 멜빌 작품에서 화자와 저자사이의 거리는 그들이 이루어 내는 텍스트의 객관적인 형상이 각기 다름에서도 입증해 볼 수 있다. 가령 그의 대표작 『모비딕』의 경우를 예로 들면 이스마엘이라는 그 당시의 전형적인 예술가가 이루어내는 1장에서 에필로그까지의 치밀하고도 균형 잡힌 형식의 텍스트가 그 하나이며 어원, 발췌 부분을 덧붙여서 이루어진 투박한 '모서리를 지닌' 형식의 특성을 지닌 저자의 텍스트가 그 다른 하나이다. 화자의 이야기는 그의 각색에 의해 제작되고 그의 지휘 하에 전개되어지는 일종의 드라마(Cowan 100)로 볼 수 있다. 따라서 그는 무대 뒤에서 등장인물들의 행로를 감시하며 사건 전개를 지휘, 감독하는 역할을 담당하고 있는 셈이다. 코원이 지적한 바 있듯이 화자가 대변하는 당대의 전형적인 예술가들이 이루어 낸 작품은 현실과 거리가 있는 알레고리의 특성을 보여준다.(181) 즉 생생한 삶의 단편들을 담아내기 보다는 현실의 모습을 우화적으로 해석함으로써 완벽한 형식을 갖추고 있는 것이 그 주된 특성이다.

멜빌은 대중들의 무관심 속에서도 작가적 소신에 의해 창작 작업을 해 나갔으며 자신의 길에 대해 확고한 신념을 가지고 있었다. 가령 작가의 예술관이 표명되는 후기작 『사기꾼』에서 소설이 지향하는 바는

"독자를 즐겁게 해주는 것일 뿐 아니라 근원적으로는 실제 삶이 보여줄 수 있는 이상의 고양된 진실을 제시해주는 데 있다"(158)라고 주장한 바 있다. 그는 『타이피』를 출간한 영국의 출판업자 머레이가 작가 자신이 남태평양에 있었다는 사실적인 증거를 요구하는데 대해 진리란 강력한 것이며 자연히 퍼지게 될 것이고 그렇게 해야만 하고 또 그럴 수 밖 에 없는 것이라는 믿음을 지니고 있다고 주장한다. 그는 『모비딕』 출판 직전 호손에게 보낸 편지에서도 어려움을 무릎 쓰고 진리를 구현해내야 하는 작가로서의 본분을 따르고자 하는 결심을 밝히고 있다. 자신이 진정으로 쓰고자하는 것은 금지되어 있고 돈도 벌리지 않으며 기존 통념에도 어긋나는 것이지만 현실에는 타협할 수 없다(Davis & Gilman(Eds.) 142)고 강조하면서 창작의 자유가 허용되지 않는 현실에 대해 고뇌한다. 따라서 그의 작품들은 『타이피』 서문에서 밝힌 바 있듯이 '있는 그대로의 진실'을 전달하기 위한 갈망에 토대를 두고 있다.

> 본문 속에서 이야기하고 있는 것 중에서 독자에게는 확실히 생소하고 혹은 아마도 완전히 이해 할 수 없는 것으로 보이는 것들이 있다. 그런 것들은 독자보다 당시의 저자에게 더 그렇게 보였다. 저자는 그런 일들이 일어나는 그대로 명확히 서술했다. 있는 그대로의 진실을 말하고자 하는 저자자신의 갈망이 독자의 신뢰를 얻을 것이라고 믿으면서, 모든 독자들에게 이에 대해 각자 자신의 의견을 갖도록 맡긴다.

진실을 구현하는 예술가의 임무에 대한 탐구는 멜빌의 모든 작품에서 볼 수 있는 공통된 주제이다. 멜빌은 의도와 달리 삶의 진실을 작품 속에 그려내지 못하고 번번이 현실을 합리화하곤 하는 자신의 한계에 번민하며 자신의 소설에 대한 대중의 그릇된 이해에 직면해서 고뇌하게 된다. 결국 1857년 4월, 『사기꾼』을 출간한 이후 소설 집필을 중단하고 1866년 겨울 뉴욕세관에 부 검사관으로 취직하여 거의 20여 년 동안 이 직업에 몸담게 된다. 그 후 문학에 대한 열망을 『전쟁시편』 (Battle-pieces and Aspects of the War), 『클라렐』(Clarel), 『존과 다른 선원들』 (John Marr and Other Sailors), 『티몰레온』(Timoleon) 등의 시 집필 작업으로 채워나간다. 이들 시집도 호평을 받지 못한다. 이러한 반복적인 좌절에도 불구하고 문학이 진실을 담을 수 있다는 신념을 멜빌은 끝내 버리지 못한다. 결국 그는 뉴욕세관에서 은퇴한 직후인 1886년 초부터 치열한 수정작업과정을 거쳐서 『빌리버드』를 집필하게 되며 1891년 죽기 5개월 전인 4월 19일에 마지막 원고교정을 끝냈다. 이는 그의 사후인 1924년 출판되게 된다. 예술가의 소명을 실현하고자 고뇌하며 이에 매달려왔던 멜빌은 이제 19세기 중엽 대다수 작가들이 지니고 있던 미국인 중심의 사고방식에서 벗어나 보편적인 진리를 제시해 준 작가로 받아들여지고 있다. 그 결과 그는 새로운 시대를 여는 예언자와 같은 역할을 하였다(Solomon 5)는 평을 듣고 있다.

<참고문헌>

김욱동. 『대화적 상상력』. 서울: 문학과 지성사, 1988.
루시앙 골드만(1965). 『소설 사회학을 위하여』. 조경숙 역. 서울: 청하, 1982.
Bakhtin, Mikhail. *The Dialogic Imagination: Four Essays*. Ed. Michael Holoquist Trans. Caryl Emerson and Michael Holoquist, Austin: Texas Up, 1981.
Baym, Max I. "Melville's Quarrel with Fiction", *PMLA* 94: 911~923.
Bercovitch, Sacan. *The American Jeremiad*. Maidson: Wisconsin UP, 1978.
Booth, Wayne C. *The Rhetoric of Fiction*. Chicago: Chicago UP, 1983.
Cowan, Bainard. *Exiled Waters: Moby Dick and the Crisis of Allegory*. Baton Rouge and London: Lousiana State UP, 1982.
Dryden, Edgar A. *Melville's Thematics of Form*. Baltimore: The Johns Hopkins UP, 1968.
Duban, James. *Melville's Major Fiction: Politics, Theology, and Imagination*. Dekalb: Northern Illinois UP, 1983.
_____. "Cripping with a Chisel: The Ideology of Melville's Narrators", *Texas Studies in Literature and Language* 31(1989): 341~85.
Franklin, Bruce. *The Wake of Gods: Melville's Mythology*. Stanford: Stanford UP, 1963.
Kavanah, James H. "That Hive of Subtlety", *Ideology and Classic American Literature*. Eds. Sacan Bercovitch and Myra Jehlen, Cambridge: Cambridge UP, 1986.
Maxwell, D.E.S. *American Fiction: The Intellectual Background*. New York: Columbia UP, 1963.
Melville, Herman. *Typee*. Eds. Harrison Hayford, Hershel Parker and G. Thomas Tanselle. Evavston and Chicago: Northwestern UP, 1968.

_____. *Moby-Dick*. Eds.Harrison Hayford and Hershel Parker. New York: W. W. Norton, 1967.

_____. "Hawthorne and His Mosses." *Moby-Dick*. Eds. Harrison Hayford and Hershel Parker. New York: W. W. Norton, 1967. 535~51.

_____. *The Confidence-Man: His Masquerade*. Eds. Harrison Hayford and Hershel Parker. New York: W. W. Norton, 1971.

_____. *Billy Budd, Sailor*. New York: Penguin Books, 1967.

_____. *The Letters of Herman Melville*. Eds. Merrell R. Davis and William H. Gilman. New Heaven: Yale UP, 1960.

Porter, Carolyn. "Call me Ishmael, or How to Make Double Talk Speak," *New Essays on Moby-Dick*. Ed. R. H. Brodhead. Cambridge: Cambridge UP, 1986.

Samson, John. *White Lies: Melvill's Narratives of Facts*. Ithaca and London: Cornell UP, 1989.

Sealts, Merton M. "Charles Olson to Sealts", *Pursuing Melville 1940-1980*. Maidson: Wisconsin UP, 1982.

Solomon, P.C. *Dickens and Melville in Their Time*. New York: Columbia UP, 1975.

Thompson, Lawrence. *Melville's Quarrel with God*. Princeton: Princeton UP, 1952.

West, Ray B.,Jr. *The Writer in the Room*. Chicago: Michigan State UP, 1968.

Ⅱ. 예술가 토모의 딜레마

1.

　멜빌에게 있어 바다로 나선다는 것은 항상 작품 속에서나 실생활에 있어서 삶의 근본적인 실재에 직면하는 방법이었다. 자신이 살고 있는 사회가 규정하고 있는 틀의 한계를 벗어나고자 하는 것이다. 이러한 항해생활 중 그는 끔찍한 현실에 직면하게 되었다. 다시 말해서 선원생활을 통해 다른 문화들과 접촉하게 됨으로써 미국사회의 실상을 객관적으로 조망해낼 수 있는 통찰력을 지니게 된다. 19세기 중엽 미국은 사회모순에도 불구하고 팽창주의 정책과 산업혁명이 가져온 물질적인 풍요는 예수왕국이 도래했음을 말해주는 증거라는 주장이 확산되고 있었다. 그러나 멜빌은 이런 낙관적인 평가들과 달리 당시 미국은 고정된 틀에서 벗어나지 못한 획일적인 사회임을 간파해낼 수 있었다. 멜빌은 그의 모든 작품 속에서 자신이 경험한 세상에 대한 환멸을 정신적인 순례의 형식으로 그렸다. "25살 이후에 비로소 성장하였다"며 『타이피』를 창작했던 시기를 성숙의 출발점으로 삼는 작가자신의 말(Dryden 176)은 이러한 멜빌의 특성을 이해하는데 중요하다.

『타이피』는 『오무』(Omoo)와 더불어 멜빌에게 작가적 명성을 가져다 주고 대중의 적극적인 호응을 받게 했던 그의 출세작이다. 매씨슨(F. O. Matthiessen)과 레빈(Harry Levin)처럼 낭만적인 여행담으로 보는 것이 이 작품에 대한 비평가들의 일반적인 평가이다. 앤더슨(Charles Roberts Anderson)은 소설이라기보다는 작가 자신의 경험을 기록한 산만한 이야기라고 평한다.(115, 565) 재미있는 이야기이나 깊이가 없다는 다익 킹크의 주장과 쉽게 씌어진 책이라는 호손의 평도(Ruland 184-85) 이 범주에 들어간다. 물론 『타이피』는 타이피 섬 체류기 이상의 내용을 담고 있는 작품이다. 가령 출판 당시 익명의 비평가는 이 책의 예술성에 주목해 "뛰어난 문학성을 보여 준다"(The New Englander 4(1846) 449-50)고 평한 바 있다. 루랜드(Richard Ruland)와 위더링튼(Paul Witherington) 같은 현대 비평가들도 『타이피』의 상징, 이미지, 구조 등과 같은 예술적인 기법에 관심을 기울였으며 이 소설의 진지한 주제와 예술성에 주목한 비평가들의 예로 피에들슨(Charles Fiedelson), 체이스(Richard Chase), 스턴(Milton R. Stern) 등을 더 들 수 있다.

   출판 당시 이루어졌던 머레이와 저자사이의 논쟁은 『타이피』의 특성을 파악하는데 중요한 부분이다. 머레이는 단순한 탐험기라기보다는 꾸며 낸 이야기의 흔적을 이 작품에서 감지할 수 있다며 멜빌에게 이 작품이 사실적인 내용을 담고 있음을 입증하라는 요구를 한다.(Leyda(1951) 200) 결국 멜빌은 세 장을 덧붙이고 서문을 통해 이 책의 목적은 '있는 그대로의 진실'을 제시하는데 있음을 밝힌다. 멜빌은 호손의 단편을 논하며 "여러분들은 단순한 이야기로 간주할 것이나…단테의 작품 못지않은 깊이를 담고 있다"(「호손과 그의 이끼」 549)라고 말하는데 이는 바로 그의 작품들의 전반적인 특성이기도 하다. 『타이피』에서도 여행담이라는 형식을 빌어 타이피 사회가 대변하는 바, 즉 19세기 미국

사회가 안고 있는 근본문제를 당대 전형적인 예술가인 토모의 고뇌를 통해 제시한다.

> 『타이피』에서 작가 자신은 단순히 사실적인 이야기를 기록하는 것 이상의 비범한 진리를 전하기 위한 목적을 지녔음에도 이 작품이 일반적으로는 평범한 선원의 남태평양모험담을 사실적으로 충실히 기록한 진기한 이야기로 받아들여지고 출판되었다는 점에서 큰 아이러니를 발견할 수 있다. (Scorza 226)

작가가 쓰는 실제의 소설과는 다른 소설을 쓰고 있는 신빙성 없는 화자와 함축된 작가 사이의 거리를 인식하는 것이 실제 비평을 위해서 매우 중요하다는 부스의 지적은 『타이피』 비평에 있어서 명쾌한 시각을 제시해준다. 본 작품은 화자의 "그릇되게 주입된 시각으로 빚어지는 결과"(Stern 25)에 대한 저자의 최초의 탐구서이다. 사회비평이 저자와 화자의 시각 차이를 바탕으로 제시되는 것은 멜빌의 전 작품에서 찾아볼 수 있는 공통점이다. 본 논문에서는 함축된 작가의 관점으로 『타이피』를 재조명 해보며 화자인 예술가 토모의 모순된 논리를 통해 그가 봉착한 딜레마를 부각시키고자 한다.

2.

토모는 힘든 항해일정을 견뎌내지 못하고 결국 포경선 돌리(Dolly)호를 떠나 타이피 사회의 쾌락적인 삶에 탐닉하게 되나 개인의 자유를 억압하는 그 사회의 어두운 실상을 깨닫고 결국 탈출하게 된다. 그 이후 타이피 사회의 현실을 밝히고자 여행기를 집필하게 된다. 그러나 창작과정에서 의도와 상반되는 결론에 이르게 되는 자신의 한계에 고뇌하게 된다. 그는 자신의 여정을 포경선, 돌리 호라는 부조리한 세계를 떠나 온갖 위험을 겪다 결국은 타이피 섬이라는 목가적인 은둔처에 이르는 것으로 재구성하게 되는 것이다. 따라서 자신이 포경선에서 도피한 동기, 타이피 섬에 자진해서 들어가 살게 된 경로, 섬을 탈출해야만 했던 절박한 이유들을 덮어둔 채 서술되는 토모의 여행기는 논리적인 오류를 담게 된다.

멜빌 작품들에서는 공통적으로 예술가의 창작 과정의 특성이 천을 짜는 작업과 문신 모티브로 제시된다. 『타이피』에서는 타파 천을 짜는 작업과 원주민들의 숭배를 받는 무사 마르누(Marnoo)의 몸에 새겨진 문신을 통해 화자인 토모의 여행기 특성이 간접적으로 제시된다. 가령 『모비딕』의 경우 이스마엘(Ishmael)의 피쿼드(Pequod)호 항해기 저술과정은 퀴퀙(Queequeg)과 함께 매트를 만드는 작업으로 함축된다. 이스마엘은 자신의 창작과정을 우연, 자유의지, 필연성이라는 세 요소를 이용해서 현실의 모습과 괴리가 있는 '시간의 베틀'(Loom of Time)이라는 추상도면을 엮어내는 작업으로 설명한다. "스스로 입을 수의를 짜내는 누에와 같은 존재"(『모비딕』 432-33)라고 비난받는 이스마엘 유형의 예술가 토모는 시대의 아픔들을 날줄과 씨줄로 엮어서 다수인의 살을 감싸는 삼베나 광목을 짜내려던 원래의 의도와 달리 소수인의 치장을 위한 비단을 짜내게 된다. 이것이 바로 화자가 봉착하게 되는 고뇌이다. 이는 "싸우기를 원하나 마음의 무기로만 그렇게 할 뿐 실제로 직접 그렇게 하지 못하는"(Lawrence 74) 그의 현실인식의 한계 때문이다. 따라서 현실문제에 고뇌하면서도 이를 시정하는 움직임에 참여하기를 꺼리는 예술가들을 결국 현실의 원리에 굴복시키는 미국 사회의 통제적인 면모를 저자가 비판하고 있다는 점을 본 논문에서는 부각시키고자 한다.

멜빌 작품들에서 문신은 예술가들이 기존 이데올로기를 강조하는 결론에 이르게 됨을 보여주는 주요한 모티프이다. 가령 『모비딕』의 경우 아서사이데즈 섬의 고래뼈로 만들어진 신전에서 그 뼈 치수를 자기 팔에 새긴 뒤 이스마엘이 "적어도 아직 문신을 새기지 않은 몸의 다른 부분은 내가 그 당시에 창작하고 있던 시를 적기 위해 빈 곳으로 남겨 두어야 했다"(376)라고 말하는 구절에서 볼 수 있듯이 그는 자신의 창작 작업을 팔에 직접 문신을 새기는 작업으로 간주한다. 마찬가지로 추장의 요구를 받고 토모 스스로도 "손목 위에서 어깨까지의 양팔에 기꺼이 문신을 새기겠다"(226)라며 문신을 새기는 작업을 고려하는 모습을 보여준다. 이는 그가 집필과정에서 처음 의도와 달리 타이피 사회의 가치관을 받아들이게 되는 과정에서 빚어지는 결과이다. 토모의 더블(double) 역할을 하는 마르누는 유능한 무사로서의 면모는 거의 찾아볼 수 없으며 토모가 바라는 바 이상적인 예술가 유형으로서, 또한 텍스트로서의 상징적인 역할을 담당하게 됨으로써 'textual spirit'를 구현해 내게 된다. 특히 마르누의 몸에 '아르투 나무'의 줄기를 새긴 문신은 토모가 타이피 사회에서 본 가장 훌륭한 것이다. 이 문신에 대해 "그의 가슴이나 팔, 다리에는 매우 다양한 도형이 그려져 있었으며 이들 각각은 나타내고자 한 전체 효과와 관계있는 것 같았다"(140)라고 설명하는 구절에서 객관적인 섬의 실상을 제시하기 보다는 토모 자신의 논리를 입증하는데 주력하는 그의 여행기 특성이 함축되어 있음을 볼 수 있다.

예술가 토모는 창작과정 중에도 진실을 밝히려는 노력과 이를 호도하게 되는 결과사이에서 심각하게 갈등하나 이런 자신의 한계를 "진리는 중심부에 위치하는 것을 선호하기 때문에 양 극단 사이에서 발견된다"(210-11)라며 합리화한다. 따라서 그의 여행기 전반에 걸쳐 논리적인 모순점들이 드러나게 된다. 예를 들어 타이피 섬을 소개하는 첫 장면에서 평화로운 낙원이라는 관점과 지옥 같은 곳이라는 상반된 견해가 제시된다. 이를 드라이든은 '성숙한 화자'와 '젊은 시절 토모'의 시각차이(176)로 설명한다. 다시 말해서 진실을 현시하고 또한 동시에 은닉하려는 갈등 속에서 그려지는 토모의 여행기에는 타이피 사회의 실상이 순간적인 계시처럼 드러나게 되나 그는 곧 진실은 알기 어려운 것이라며 이를 밝히지 않게 된다. 가령 타이피에서의 생활을 회고하며 그것을 기술하는 것만으로도 그 두려운 기억 때문에 전율하게 되면서도 토모는 "그렇게 위안이 되는 상황 속에 있으면서도 왜 내 마음이 여전히 아주 음울한 예감 때문에 쇠약해져야 했는지, 아주 심한 우울증의 희생양이 되어 왔는지 이해하기가 어렵다"(122)라며 예언, 전조등의 비합리적인 방법으로 그 실상을 숨기게 된다. 따라서 그가 직접 경험한 바이기도 하고 또한 꾸며낸 것이기도 한 화자의 여행기에는 타이피 사회에 대한 두 가지 풍경이 제시되는데 결국 후자의 시각으로 다가가는 결론을 맺게 된다.

토모가 포경선을 떠난 이유를 설명하는 부분과 타이피 사회를 탈출하는 동기와 방법들을 중점적으로 고찰함으로써 그의 논리적인 한계를 보다 구체적으로 살펴보도록 하겠다. 가령 그가 "나는 이 계곡에서 맛볼 수 있는 모든 쾌락 속에 뛰어들어, 거기서 제공되는 자유분방한 향락 속에 빠져서 모든 비탄과 이전 생활에 대한 기억들을 묻어버리고자 했다"(149)라고 밝히듯이 포경선을 떠난 이유는 편안한 삶을 누리기 위해서였다. 그럼에도 불구하고 그는 자연권을 존중하는 계약사회인 포경선에서 선장은 계약을 먼저 파기한 폭군이므로 이에 반발하는 것은 선원들의 자연권을 보호하기 위한 것이라는 주장을 펼친다. 따라서 토모는 토마스 제퍼슨(Thomas Jefferson)의 미국독립 선언서와 유사한 논리를 보여준다는, 즉 '극단적인 법률만능주의의 논법'을 구사한다는 비판

을 받는다.(Scorza 228)

> 처음 돌리 호에 승선했을 때 나는 배의 법규에 따라 사인을 했으므로 자발적으로 또한 법적으로 항해기간동안 특정 영역에서 봉사하기로 되어 있었다. 특별한 경우를 제외하고 나는 물론 약속을 이행할 의무가 있었다. 그러나 모든 계약에 있어서 한편에서 그의 계약을 이행하지 않을 경우 다른 편 사람은 사실상 책임감에서 벗어날 수 있는 것이 아닌가? 긍정적으로 대답하지 않을 사람이 어디 있겠는가? 대 원칙에 대해서 일단 설명을 했으므로 이를 특정한 경우에 적용시키도록 하겠다. 수많은 경우, 규약에 있어서 함축된 부분뿐 아니라 특정사항들에 대해 내가 봉사하는 배의 상관 쪽에서 위배되는 행동을 하였다. (21)

논리적인 모순점이 가장 뚜렷이 드러나는 부분은 화자가 타이피 섬을 탈출하는 장면이다. 모우모우(Mow-Mow)추장을 죽이려는 폭력까지 휘두르면서 섬을 탈출한 절박한 상황을 담은 이 도피 장면에 대해 많은 비평가들이 전체의 논지와 어긋난다는 점을 지적한 바 있다. 가령 세즈윅(William Ellery Sedgwick)은 "클라이맥스는 나머지 부분과 아주 동떨어진 내용을 담고 있다"(20)고 평하며 그레즈다(Edward S. Grejda)는 갑자기 작품 분위기가 어둡게 바뀌는 것은 "독자들을 깜짝 놀라도록 책을 마무리 지으려"(21)했기 때문이라고 설명한다. 그가 탈출에 성공할 수 있었던 것은 부하들과 함께 자신을 뒤쫓던 모우모우를 공격했고 포경선 시절 알았던 선원 카라코이(Karakoee)가 내려준 보트를 이용했기 때문이다. 토모는 포경선이나 프랑스 군함이 타이피 사회를 문명세계로 이끌려는 과정에서 불가피하게 폭력에 의존하는 점에 대해 비난해왔으나 그 자신도 타이피 섬을 탈출하기 위해서는 어쩔 수없이 폭력적인 방법을 사용해야 했다. 따라서 그의 전체 이야기는 논리적인 일관성을 잃게 된다.

숨 가쁜 순간이 지난 후 나는 모우모우를 볼 수 있었다…그는 도끼를 입에 물고 자신 앞에 있는 물을 헤쳐 나가 바닷물에서 거품이 일었다…정당한 목적을 달성하기 위해서, 그리고 온 힘을 다해서 나는 갈고리 장대를 그에게 휘둘렀다. 이것은 그의 턱밑 바로 아래 부분을 치고 그를 밑으로 쓰러지게 했다. (258)

따라서 "예기치 않았던 탈출"(258)로 설명하는 토모와 시각을 달리해서 그의 절박한 탈출이유를 밝혀보는 것은 본 작품의 의미를 이해하는데 아주 중요하다. "그가 행복했을 리가 있겠는가? 나 역시 그런 세계에 만족하지 못했을 것이다"(72)라는 로렌스의 반문에서 볼 수 있듯이 토모가 타이피 사회에서 행복하지 못했던 것이 그 가장 큰 이유이다.

섬을 탈출한 이후 이를 소재로 작품을 집필해나가는 토모는 특히 핵심 장면들에서 진실에 어긋나는 주장들을 하게 된다. 함축된 작가의 시각으로 작품 속에 간간이 내비치는 단편적인 진실들을 엮어 그의 탈출동기를 구성해보면 다음과 같다. 그는 타이피 섬에 체류하는 동안 지배적인 가치관에 순응하지 않는 개인은 희생되는 섬의 실상, 즉 카니발리즘이 성행함을 깨닫고 필사적으로 섬을 탈출하게 된다. 가령 토모를 융숭하게 대접하는 타이피 사람들의 저의는 결국 그를 희생시키려는 데 있다고 묘사된다. 따라서 죽음에 대한 두려움으로 타이피 사회를 떠나게 됐다는 서술에서 그가 탈출하게 된 결정적인 동기가 드러난다. 이는 바로 포경선 선장이 타이피 섬의 "잔학한 식인종들"(36)을 경계하라고 선원들에게 지시했던 사실을 환기시킨다.

반면에 화자 토모는 포경선 세계와 상반된 가치관을 지닌 '고향'과 '어머니'라는 두 단어가 자신이 원한 바를 대변하고 있다며 탈출동기를 달리 설명한다. 흔히 타이피 사회를 탈출하는 과정에 토모는 토비(Toby)와 마르누에게 어린애처럼 의존한다는 평을 듣는다. 이들은 소설의 플롯 전개과정과는 긴밀한 상관성이 없으며 다만 토모의 면모를 드러내기 위해 설정된 인물이기 때문이다. 가령 토모는 자신의 절박한 동기는 밝히지 않은 채 섬에서 갑자기 사라진 동료선원 토비가 해안가에 있다고 믿었기 때문에 그를 만나기위해서 탈출했다고 주장한다. 여기서 토비는 『모비딕』에서 이스마엘의 역할을 일시적으로 맡았던 핍(Pip)과 마찬가지의 역할을 담당하고 있는 것이다. 또한 그는 자신에게 포경보트를 내려준 카라코이의 도움으로 결정적으로 탈출할 수 있었다. 하지만 자신이 타이피 섬에 감금되었다는 정보를 카라코이가 마르누에게서 얻었으므로 결국 자신의 탈출은 마르누 덕분이라며 이러한 사실을 감추고자 한다. 아울러서 자신이 타이피 사회를 벗어나는데 성공할 수 있었던 이유를 폭력적인 방법을 사용해서가 아니라 그의 '유창한 몸짓'에 모우모우 추장이 대항하지 못했기 때문이라고도 설명한다. 이는 그가 이상적인 예술가 유형으로 제시하는 마루누의 '자연스런 달변'과 '뛰어난 몸짓'의 특성과 연관된다.(Clark 220) 예술가로서 자신이 취한 길이 타이피 사회를 벗어나도록 하는 방편이 된다고 암묵적으로 주장하고 있는 것이다. 토모는 타이피 인들을 처음 대면하는 장면묘사에서 플롯이 점점 복잡해져 간다고 서술하는 등 작품 전반에 걸쳐서 섬의 실상을 객관적으로 제시하기 보다는 이를 소재로 한 자신의 집필 작업에 더 관심을 가지고 있는 자의식적인 예술가의 모습을 보여준다. 현실의 어두운 경험에 대면하기 보다는 자신의 집필 작업 자체에 주의를 기울임으로써 결국 그는 진실과 어긋난 이야기를 하게 되는 딜레마에 빠지게 되고 이로써 고뇌하게 된다.

   흔히 의지나 필연성 같은 형이상학적인 개념이 『타이피』의 주된 딜레마로 설명되기도 한다. 이는 화자역할을 하는 토모가 개인의 의식변모와 사회문제의 해결방법을 동일한 차원의 것으로 설명했기 때문이며 이런 오류는 19세기 미국 지식인들에게서 흔히 발견된다. 다시 말해서 기존 사회의 틀 아래서 개인의 인식변화를 통해서 문제를 해결할 수 있다는 관점으로 멜빌의 전 작품에서 다뤄지곤 하는 실패한 예술가들의 견해이다. 토모는 개인을 구속하는 타이피 사회를 낙원이라고 받아들이는 것만이 해결책이 된다고 보는 것이다. 그는 사회구조적인 문제를 필연성이라는 형이상학적인 개념으로 추상화시키고 현실을 그대로 수용하는 인식의 변화만이 중요하다고 강조한다. 따라서 토모의 타이피 여행기에서 강조되고 있는 주장은 '타이피 섬은 선한 곳이며 문명세계는 사악한 특성을 보여 준다'라고 압축된다. 여기서 문명세계는 포경선 돌리 호와 프랑스 군함세계가 대변한다. 타이피 사람들에 대한 포경선 선원들의 폭력적인 행동은 프리깃함 네 척과 콜베트함 세 척으로 무방비 상태인 야만인 무리들을 위협해서 복종시키려고 하는 프랑스 군함 군인들 행동과 마찬가지 특성을 보여준다고 화자는 생각한다. 포경선 선원들과 타이피 섬 여인들의 대면장면과 마찬가지로 타이피 사회의 추장과 프랑스 제독이 처음으로 만나는 장면에서도 이러한 토모의 시각이 나타난다.

> 얼마나 헤아릴 수 없이 먼 거리로 이 두 사람은 서로 떨어져 있는 것인가라고 나는 생각했다. 한 사람에게서는 오랜 세월 동안 발전해온 문명과 그 세련된 태도가 보여 진다…다른 사람의 경우는 같은 시기를 경과한 후에도 진보의 진행과정에 있어서 한 걸음도 나가지 못했다. 나는 '그럼에도 결국은 많은 부족감을 느끼지 않고 끊임없는 걱정거리도 없으니, 둘 중에서 미개인이 더 행복한 사람이 아니겠는가?'라고 자문한다. (30-31)

화자는 타이피 사회의 실상을 파악했음에도 집필과정 중에 본인도 의식하지 못한 채 이를 낙원이라고 주장하기 위해 몽테뉴(Montaigne)의 식인종, 루소(Rousseau)의 야만인들에 관한 이론, 셰익스피어의 『폭풍』(The Tempest)에 나오는 곤잘로(Gonzalo)의 유토피아에 관한 계획 등 다른 지식인들의 주장을 변형시켜서 이용한다.(Scorza 233) 가령 계곡 전체에 행복이 넘쳐흐른다며 이를 "루소도 한때는 체험했다고 말한 바 있는 저 삼라만상에 널리 충만해 있는 감각, 즉 건강한 육체를 지닌 이들의 단순히 쾌활한 마음에서 주로 생긴 것이었다"(131)라고 설명한다. 타이피 계곡을 루소의 이상사회와 연관짓는 것이다. 또한 섬에 머무르는 동안 줄곧 다리에 통증을 느껴 거의 절름발이 상태로 지냈음에도 타이피 인들에게 병이라는 것은 거의 알려지지 않았다며 루소의 『제2 담론』(The Second Discourse) 구절을 인용하기도 한다.(Scorza 235)

토모의 시각과 달리 외관상으로 인류의 낙원처럼 보이는 이 지역이 실은 엄격히 통제적인 사회임을 밝히려는 것이 함축된 작가의 의도이다. 타이피 인들은 "모든 사람의 가슴에 그 지침이 새겨져있는, 암묵적인 상식률의 지배를 받고 있는 것처럼 보였다"(205)라는 구절에서 볼 수 있듯이 터부라는 불문율이 함축하는 바, 기존 이데올로기가 사회 구성원들의 의식저변에 스며들어있는 통제적인 사회 속에 살고 있다. 따라서 타이피 인들은 '단독자'로서 자유로운 존재라는 루소의 자연인들과는 상반된 특성을 보여주므로 토모의 여행기는 루소에 대한 일반적인 이해를 교정하려는 것 같다는 비판을 받기도 한다. 토모는 추장 메헤비(Mehevi)를 '자연의 귀족'이라며 그의 권력이 자연의 원리에 의해 지지된다고 주장하나 그의 논리에 있어서 자연이란 법의 지배를 받는, 정치적이며 계급적인 특성을 지닌 개념(Scorza 236-37)에 불과하다. 따라서 타이피의 계급사회적인 특성을 자연스런 현상으로 받아들이는 화자의 시각은 루소와 입장이 크게 다르다. 앞서 Ⅰ장에서 지적한 바 있듯이 화자가 다른 책들에서 인용하고 있는 부분들이 원전에서 어긋나 있는 점들을 통해서 저자는 진실에서 어긋나 있는 화자의 특징을 제시해준다.

토모는 타이피 사회의 실상을 밝히기보다는 낙원이라는 자신의 관점을 설득하려는데 더 비중을 둔 반면에 함축된 작가는 토모가 섬 생활을 하는 동안 내내 겪게 되는 다리의 통증, 식인풍습에 대한 두려움, 탈출할 때 모우모우를 강타하는 행위 등을 통해 그 사회가 안고 있던 문제점들을 그려낸다. 가령 토모는 타이피 계곡에 대한 첫인상을 "천국의 정원을 흘끗 보았다할지라도 이때의 광경보다 나를 더 황홀하게 하지 못했을 것이다"(51)라고 에덴의 이미지로 서술하며 계곡에 들어서면서 그가 만난 아름다운 젊은이 한 쌍의 모습에서도 이 이미지가 반복된다. 반면에 여행당시의 토모는 계곡으로 내려가면서, 즉 타이피 사회의 실상을 대면해나감에 따라 "유혈적"(33)인 타이피 인들의 집단에 감금될지 모른다는 두려움을 느끼게 된다. 또한 새들이 껍질을 쪼아, 속 부분은 거의 반쯤 먹어버린 심하게 부패된 과일 등의 '타락한 낙원' 모티브를 통해 화자의 주장과 상반된 사회실상이 드러난다. 손상된 과일과 타이피 사회의 젊은이 한 쌍을 이 계곡을 처음 소개하는 중요한 순간에 병치시킴으로써 함축된 작가가 이 사회의 실상에 의문을 제기하고 있음을 보여준다.(Ruland 188) 다시 말해서 작가는 토모의 에덴 이미지를 아이러닉하게 사용하는데 이는 행복한 낙원을 뜻하면서 동시에 폐쇄적인 이 사회의 특성을 담게 된다.(Wenke 256)

로렌스가 "뉴잉글랜드 지방의 외부에 있는 지역이기도 하고 동시에 그 내부에 있는 곳이기도 하며 보편적인 경험들이 서술 된다"(75)라고 지적한 바 있듯이 타이피 사회를 배경으로 하여 바로 19세기 미국 사회의 특성을 제시하는 함축된 작가의 관점을 입증하는 단서들을 찾아보도록 하겠다. 이를테면 『모비딕』에서 죽은 고래를 피쿼드 호 뱃전에 매달았을 때 그들은 한 쌍의 황소와 같다고 묘사된 바 있다. 멜빌 작품에서 고래와 황소는 같은 의미를 나타내는 상징들로 '자연', '악' 등을 의미할 뿐 아니라 당대 사회 실상을 제시하는 객관적인 상관물 역할을 한다. 가령 타이피 섬의 아주 깊은 계곡에 있는 집에 정교한 무늬가 전체적으로 새겨져 있는, 향유고래의 이빨로 만든 보석이 끈으로 매달려 있다는 예에서 볼 수 있듯이 반복적으로 고래 모티브들로 이 사회의 특성이 제시되고 있다. 따라서 비평가 루란드 등도 이 섬을 '황소와 같은 특성을 지닌 세계'(190)로 파악한다. 이로써 타이피 섬은 먼 이국에 있는 미개한 섬나라가 아니라 바로 이상과 현실 사이에 큰 간극이 존재하던 당대의 미국 사회를 의미한다고 해석해 볼 수 있다. 멜빌 작품들에서는 공통적으로 주요한 상징들이 같은 의미로 쓰이는 특징을 보여주기 때문이다.

토모는 타이피의 거대한 토단들을 회고하면서 이집트 왕 케오푸스(Cheops)의 거대한 피라미드(Pyramid) 기저 부분을 떠올리게 된다. 이를 통해 타이피 사회를 이집트 사회와 연관짓고 있는 함축된 작가의 입장이 드러난다. 멜빌은 그의 작품들에서 획일적인 미국사회의 특성을 피라미드 사회로 제시하고 있으며 "나는 이집트 피라미드에서 뛰쳐나온 한 톨의 씨앗이다"(Marx 623)라는 작가 자신의 편지 구절에서도 이러한 연관성을 유추해 볼 수 있다. 저자는 미국 이데올로기의 전면적인 통제 하에 있던 19세기 미국 사회를 고도의 테크닉으로 축조된 옛 이집트의 무덤, 피라미드 모형에 비교되는 죽음과 같은 사회로 파악하였다. 따라서 피라미드 모티브를 통해 이집트 사회와 타이피 섬이 연관됨을 주목해 보는 것은 타이피 사회를 배경으로 미국 사회의 문제점들을 제시하는 함축된 작가의 의도를 파악하는데 있어서 중요하다.

토모가 걸친 타이피 원주민의 옷은 "로마 상원 의원의 관복"(125)과 흡사하며 "로마에 있으면 로마의 풍습을 따르라는 속담처럼 타이피에 있으면서는 타이피인들이 하는 것처럼 하기로 고집했다"(215)라는 구절 등 작품 전면에 반복되는 로마 모티브를 통해서도 이러한 연관성이 드러난다. 19세기 중엽 미국인들은 그 시대특성을 로마 제국과 유사하게 파악하곤 했으며 멜빌도 그의 소설들에서 로마 모티프를 통해서 미국 사회의 면모를 제시한다. 또한 타이피 섬의 지형은 미국의 메사추세츠 만과 흡사하다고 서술되며 4, 5명의 마키져스 섬사람들이 "선교사로서 미국에 파견된다면 비슷한 자격으로 그 섬에 파견된 같은 수의 미국인들과 마찬가지의 도움을 줄 수 있는 것이 아닐까라고 생각하고 싶어진다"(129)라는 구절과 "미국식의 넓고 우아한 예배당이 있다"(202)라는 구절 등 타이피 섬의 숲이나, 건물, 사람 등이 미국의 그것과 지속적으로 비교됨에서도 두 사회의 공통점에 독자의 주의를 환기시키고자 하는 작가의 의도가 드러난다.

  타이피 사회의 특성을 보여주는 일반적인 심상과 상징의 예들 중 우선 포경선 선원들과의 대면 장면에서 아름다운 인어들로 묘사되는 타이피 소녀들과 조각품들의 모델과 같이 잘 생긴 원주민들의 모습을 들 수 있다. 이 상징들은 『빌리버드』의 핸섬 세일러(Handsome Sailor), 혹은 『모비딕』에서의 아름다운 외양의 모비딕 모습과 마찬가지로 실상과 괴리된 외관상의 아름다움만을 지닌 이 사회의 특성을 보여 준다. 반면에 타이피 사회의 실상은 물의 모티브를 통해서도 드러난다. 가령 화자 일행은 폭우 때문에 고생을 하게 된다. 토모는 다리 통증으로 고통스러워 하다가 산골짜기의 개울물을 마신 경험을 "내 혈관에서 타는 듯이 느껴지던 고열이 그 순간에 죽음 같은 오한으로 바뀌게 되어서 여러 번 전기 충격을 받은 것처럼 나는 잇따라 몸을 와들와들 떨게 됐다"(56)라고 서술한다. 이로써 그는 타이피 섬을 '전기 쇼크'라는 날카로운 심상으로 기억하고 있음을 보여준다. 또한 타이피 주민들을 어린이나 동물에 비유하는 일련의 이미지들을 통해 독립적으로 선택하고 행동하지 못하는 그들의 특성이 드러난다. 가령 이곳의 종교 의식은 "인형이나 인형의 집을 갖고 노는 어린이들의 그것과 같다"(182)라고 묘사되며 타이피인들이 일하는 모습은 수많은 검은 개미떼들에 비교된다. 타이피 사람들은 노래를 부르지 못하는 새들과 같으며, 독자적인 개성을 지니지 못하였기에 그들에게는 고유한 이름이 없다. 또한 "기계적으로 행동하는 인간"(130)으로 서술됨으로써 통제적인 사회 속에서 자유로이 개인의 의견을 토로하지 못하는 특성이 드러난다. 토비를 만나러 가는 일을 제지하는 엄격한 추장의 언어나 생각지도 않았던 명령을 받는 것처럼 느끼게 하는 화자의 어깨 위에 걸쳐진 추장의 손 등, 일련의 토모를 저지하는 행위들과 언어들을 통해서도 타이피 사회가 자유롭지 못한 곳임을 알 수 있다.

　토모의 다리통증, 타이피인들 모두에게서 발견되는 문신자국, 식인풍습을 통해 타이피 사회의 실상을 보다 구체적으로 살펴보도록 하겠다. 토모가 느끼는 다리의 통증은 타이피 사회의 특성을 규명하는데 핵심이 되는 '복합적인 상징물'(Dryden 180)로서 문신, 식인 풍습과 밀접하게 연관된다. 타이피 계곡에 당도하자마자 화자는 한 쪽 다리의 통증으로 고통을 당하게 된다. 이는 몹시 부어서 쑤시고 아팠기 때문에 독사에게라도 물리지 않았나 생각될 정도였다. 이는 이 사회에 들어서는 순간 토모는 이미 뱀에 의해 상해를 입었음을 함축적으로 나타낸다. 뱀이라는 모티브는 『모비딕』의 고래와 마찬가지로 기존 사회 실상을 제시하는 상징물로 볼 수 있다. 따라서 토모가 다리에 통증을 느끼게 되는 것은 아합 선장이 피쿼드 호 항해 이전에 고래에 의해 다리를 절단 당했던 사건과 연관 지어 볼 수 있다. 더 나아가서 이는 포경선 돌리 호 선장의 식탁에 오르는 수탉의 상징과도 연결된다. 멜빌 작품들에서 독수리 등 새는 고래와 동일한 의미를 지닌 상징으로 쓰인다. 가령 『모비딕』에서 독수리가 선장의 모자를 빼앗아 달아나는 사건은 바로 아합을 파멸시키는 고래의 전조로 제시된다. 이러한 특성은 『모비딕』 초반에서 낸터키트라는 포경항해의 원천지가 독수리에게 아기를 빼앗긴 인디언 부부에 의해 개척되었다는 묘사에서도 알 수 있다. 또한 타이피 사회의 구심적인 역할을 하는 중심인물인 메헤비 추장에 대한 묘사부분에서도 이러한 연관성을 볼 수 있다. 즉 수탉의 화려한 깃털들이 그의 머리장식으로 쓰였고 두 귀에는 향유고래 이빨이 꽂혀 있었다고 한다.

> 불쌍한 페드로의 운명이 결정되었다. 일요일 선장의 식탁 위에 차려진 그 홀쭉한 몸은 밤이 되기 훨씬 전, 그 높으신 분의 의복 밑, 복부 부분에서 보통대로의 엄숙한 의식을 치르며 매장 될 것이다…선원들에 의하면 선장은 신선한 고기 한 접시를 기대할 수 있는 한, 배를 결코 육지로 돌리려 하지는 않을 것이라고 한다. 이 불행한 새 만이 고기를 제공할 수 있고 그를 일단 먹어치운 후 선장은 제 정신을 차리게 될 것이다. (4)

함축된 작가는 선장이 수탉을 먹는 장면에 최후의 만찬의 의미를 부여한다.(Scorza 228) 정의를 구현하기 위해 예수가 죽음을 대면해야 했던 절박한 상황이 바로 돌리 호 선장의 상황이었음을 제시하고자 하는 것이다. 멜빌 작품들에서는 식욕, 먹는 행위들이 많이 언급되는데 이는 흔히 타인을 희생시키는 폭력적인 행동을 의미한다. 따라서 위 장면에서 돌리 호 선장은 불가피하게 폭력적인 방법에 의존해서 고래 추적에 시종일관 전념해 나간 아합 유형의 인물로 제시되고 있음을 알 수 있다. 반면에 화자는 이 장면을 'a cannibal feast'로 규정하며 포경선 선장의 폭력적인 특성 자체에만 초점을 맞춰 그를 비난한다. 치열하게 타이피 섬을 탈출하자마자 그곳에서의 삶을 갈구하게 되는 화자는 모순적인 현실을 상징하는, 즉 선장이 추적하는 수탉을 불쌍한 페드로라며 오히려 이에 대한 연민의 감정을 보여준다. 그러나 진리를 탐구하는 진지한 예술가로써 결국 이러한 인식상태에 머무를 수 없는 토모의 특성은 문신예술가인 카키(Karky)가 그에게 문신을 새기려 하자 발의 통증을 다시 강렬하게 느끼게 되는 것으로 묘사하는 장면에서 드러난다. 문신은 바로 사회모순에 의해 개인이 입게 되는 상처자국을 의미하기 때문이다.

타이피 사람들이 정성껏 약초치료를 하고 약수를 발라도 화자의 다리 통증을 단지 조금 누그러뜨릴 뿐 근본적으로 그 병 자체를 고치지는 못 한다는 점에서 이를 사회 구성원들의 개별적인 심정적 배려로는 치유될 수 없는, 사회 구조적으로 해결해야 할 문제로 작가가 제시하고 있다고 볼 수 있다. 그러나 토모는 이 통증을 "신비스런 질병", 혹은 "설명이 불가능한 질병"(122)이라며 불가사의하게 사라졌다 돌아오곤 한다고 서술하는 등 그 근원적인 이유를 설명하지 않는다. 또한 뱀에 물린 것 같다는 설명 뒤에 곧 폴리네시아 섬에 뱀이 없다는 사실을 알게 되었다는 말을 덧붙이는 경우 등에서 제시되듯이 일관성 없는 태도를 보여준다.

통제적인 사회 속에서 인간다운 삶을 유지하기가 어렵다는 점은 문신을 새기게 되면 점차 인간다운 흔적들을 모두 지우게 되는 것 같아지는 사실에서 알 수 있으며 이는 타이피 사회의 식인풍습과도 긴밀히 연관된다. 소설서두 부분에서 타이피라는 이름을 듣기만하여도 "이교도 의식과 인간을 제물로 바치는"(5) 기묘한 광경들이 자꾸만 떠오른다는 구절이 함축하듯이 식인풍습이 성행하는 것이 타이피 사회의 핵심적인 특성이다. 여행당시 토모는 나무들 뒤편에서 이뤄지는 식인풍습을 직접 목격하게 됨으로써 결국 섬을 탈출하고자 하는 강한 계기를 갖게 된다. 특히 타이피 사람들과 적대관계에 있는 하파 족, 이방인들과 외국인들만을 희생시킨다는 점에서 식인풍습이란 폐쇄적인 민족우월주의에 의해 타민족을 희생하는 행위를 의미하는 것으로 확대 해석해 볼 수도 있다. 이는 가령 시인 휘트만(Whitman) 등 19세기 미국 지식인들이 멕시코 전쟁을 바라보던 전형적인 시각과도 흡사하다. 이를테면 브라운슨(Ores Brownson)은 멕시코가 신을 격노하게 해서 자신들이 그들을 벌하는 임무를 신으로부터 부여받게 된 것(Duban(1983) 138 재인용)이라며 멕시코 전쟁을 합리화한다. 이는 자신의 입장을 옹호하는데 그치지 않고 자신과 다른 사회관을 지닌 이들, 혹은 다른 인종들을 배제하는 논리로까지 이용되는 것이다. 이러한 타이피 사회의 폐쇄성은 여러 번 반복되는 벽의 이미지를 통해서도 드러난다. 가령 산등성이 중턱까지 빽빽하게 들어차 있던 노란 갈대숲이 "강철 막대처럼 단단하고 억세기 때문에 우리는 멈춰서게 되었다"(39)는 구절에서 감옥과도 같은 이 사회의 특성이 드러난다. 이러한 폐쇄성은 결국 문신이라는 모티브가 함축하듯이 타이피 사회의 전 구성원이 예외 없이 희생을 당하는 자가당착적인 결과를 낳게 된다.

타이피 섬에서 토모의 독보적인 입장은 문신이 새겨졌음에도 그에 대한 인식이 없는 대다수 주민들과 달리 그로 인해 초래되는 통증을 치유하고자 하는 그의 지속적인 노력이 결국 섬을 탈출하는 시도로 응집된다는 점이다. 타이피 섬에서 살았던 당시의 토모가 결국 섬을 탈출해나갈 수 있었던 것은 바로 이러한 고통스런 현실인식 때문이었다. 이런 노력이 뒷받침되어 그 이후 그는 타이피 여행기를 저술하게 되는 것이다. 이런 과정 중에서 토모는 너무 고통스런 나머지 타이피 섬을 탈출하는 일을 체념한 채 "많이 먹고 자는 것"(246)이 최상이라는 철학을 지닌 타이피인들의 행복에 관한 생각을 일순간 받아들이게 되자 육신의 편안함을 느끼기도 한다. 드라이든이 그의 다리통증과 시간에 대한 인식과의 연관성을 지적한 바 있듯이 다리의 통증을 느끼지 않게

되자 토모는 현실에 대한 판단력을 상실하게 된다.(41-42)

> 점차 나는 날짜 개념을 잊게 되었으며 격렬한 절망 뒤에 따르는 일종의 무감정한 상태로 무력하게 빠져들게 되었다. 팔다리가 갑자기 치유되고, 부기와 통증이 가라앉았다. 그래서 그렇게 오랫동안 나를 괴롭혀 왔던 고통으로부터 곧 완벽하게 회복될 것이라고 생각할 수 있었다. (127)

그러나 이러한 해결책에 안주할 수 없는 것이 바로 지식인 토모의 고뇌이다.

타이피 사회의 식인 풍습에 있어서 한 가지 주목할 것은 종교가 이러한 사회악을 조장하는 오류를 범했다는 사실이다. 이를 통해 멜빌은 19세기 미국 사회에서 기독교가 정통 신앙의 노선에서 벗어나 기존 현실을 합리화하는데 이용되던 실상을 비판한다. 가령 토모가 섬을 탈출할 때 오히려 성직자들이 나서서 방해를 하기도 한다. 또한 에덴동산을 상징하는 빵 나무와 야자 나무들 뒤편에서 식인 행위가 이루어지는 장면에서, 그리고 타이피 계곡의 불길하게 느껴지는 어두운 숲 그늘이 대성당 내부에 비유됨으로써 인간을 희생하는 의식에 종교가 이용되는 모순이 함축적으로 제시되고 있음을 볼 수 있다.

> 이곳에는 계곡 속의, 사람들의 방문이 금지된 숲 - 오래 연장되는 향연, 두려운 의식이 많이 거행되는 장소 - 이 있었다. 신성한 빵 나무숲의 어두운 그늘 아래에 장엄한 어스름 - 대성당과 같은 어두컴컴한 장소에서 느껴지는 우울함 - 이 널리 퍼져 있었다…빵 나무 열매, 야자나무 열매, 그리고 최근에 바쳐진 제물의 부패한 잔해들로 낮은 울타리를 둘렀다. (95)

현실적인 목적에 종교를 이용하는 타이피 사람들의 특징은 작품에서 여러 번 반복된다. 가령 타이피 사회의 신격인, 귀멀고 눈먼 우상, 모아 아르투아(Moa Artua)가 "누쿠히바 섬을 통째로 입에 물고 바다 밑 부분까지 잠수해 들어가는 것은 가장 쉬운 일"(182)이라며 그를 고래의 모티브로 묘사하는 구절을 예로 들 수 있다. III 장에서 좀 더 상세히 설명하겠지만 고래가 의미하는 바, 기존 사회현실에서 바로 신의 의도가 실현되고 있음을 볼 수 있다는 것이다. 또한 수석 성직자이며 군인이기도 한 콜로이(Kolroy)의 작살에 대해 "아래 끝은…곡선모양으로 구부러져서 그곳에 작은 이교도 우상처럼 보이는 것이 새겨져 있다…그는 한 쪽 끝으로 현세의 전쟁에서 부족의 적을 찌르고 다른 쪽 끝은 양치기의 지팡이로서 정신적인 의미에서 그를 따르는 양떼들의 질서를 유지하는데 사용되었던 것이다"(179)라고 묘사하는 부분에서도 개인을 억압하는 종교의 특성이 드러난다.

흔히 비평가들은 타이피 사회와 프랑스 군함 세계, 혹은 포경선 사회를 태초의 낙원과 같은 원시 사회와 서구 문명사회로 구분하나 이들을 각기 부조리한 현실을 대변하는 집단과 이를 시정하려는 집단으로 보는 것이 본 논문의 관점이다. 화자는 프랑스 군함과 포경선은 순수한 세계를 파괴한 '타락한 상업사회'로서 식민주의와 권위주의를 대변하는 집단으로 그려낸다. 반면에 함축된 작가는 타이피 사회의 문제는 바로 인류애를 구현하기 위한 개혁 집단으로 볼 수 있는 이들 두 세계에 의해서만 해결될 수 있다고 제시한다. 따라서 비평가 스턴(Milton R. Stern)과 바빈(Babin)은 타이피 사회의 삶을 멜빌이 거부한다고 지적하기도 한다. 타이피 사회를 극단적으로 통제되고 있는 곳으로 보는 이들 비평들에서 기존의 시각과 궤도를 달리해서 타이피 사회를 분석할 수 있는 여지가 마련된다. 루란드 대다수의 독자는 타이피 사회가 '에덴', '유토피아', '낙원'으로 묘사되고 있음에 의문을 제기하지 않는다(183)고 비판한 바 있다. 가령 화자는 프랑스 군함과 포경선에 대해 그들이 원주민들을 문명화시켜서 말처럼 되게 했으며 그리스도교로 개종시켜서 결국 짐 운반용 동물이 되게 하였다며 "높은 이상에 눈이 먼 채 자신들이 초래한 큰 혼란들을 깨닫지 못한다"(201)라고 비난한다. 반면에 함축된 작가는 토모의 다리통증은 원시사회의 약초요법으로는 효과가 없고 "프랑스 함대 의사의 전문지식"에 의해서만 치유될 수 있다는 구절, 섬을 탈출한 후 토모가 승선한 쥴리아 호에서 그의 통증이 결국 치료되었다는 지적, 토모의 탈출을 직접 도와준 포경선원 출신의 카라코이라는 인물이 입고 있는 초록색 전투복이 바로 "프랑스 기함인 레느 블랑슈(Reine Blanche) 호의 장교에게서 얻은 것이다"(255)라는 구절을 통해 타이피 사회문제를 해결할 수 있는 집단으로 포경선과 프랑스 군함세계를 제시하고 있음을 알 수 있다.

바다로 퇴각하는 프랑스 군함의 행적에 대해 "불을 질러 아름다웠던 계곡을 폐허로 만들었다. 이는 그 이교도 주민들에게 기독교 신자인 병사들의 마음가짐이 어떠한가를 명백하게 보여 주었던 것이다"(27)라고 묘사하는 부분에서의 '기독교 신자인 병사들'이라는 표현은 멜빌 작품에서 반복적으로 등장하는 'fighting peacemaker' 모티브와 연관된다. 가령 『모비딕』의 아합 선장은 '전투적이고 복수심에 불타는 퀘이커 교도'의 특성을 지닌 전형적인 낸터키트 사람이다. 이 작품에서 저자의 관점을 객관적으로 보여주는 펠레그는 현실 문제를 해결하기 위한 방편으로써 불가피하게 폭력에 의존하는, 즉 인간다운 삶을 실현하고자 모비딕과의 싸움에 나선 'fighting peacemaker'로서 아합 선장의 특성을 긍정적으로 제시한다. 이와 마찬가지로 포경선 돌리 호와 프랑스 군함세계가 인류애를 구현하기 위해 사용할 수 밖에 없었던 폭력을 근원적인 입장에서 고찰하고 그 불가피성을 수용하며 그들의 가치관을 긍정하는 것이 바로 함축된 작가의 관점이다. 또한 토모가 타이피를 벗어나기 위해서 불가피하게 코리코리를 죽이려는 폭력적인 행위를 감행하는 행위를 통해서도 문제 해결을 위해서는 이러한 현실 개입이 필요함을 저자는 인정한다.

 화자의 타이피 여행기에서 중심적인 역할을 하는 마르누는 화자 토모의 입장을 파악하는데 중요하다. 마르누와 토모는 『모비딕』에서의 퀴퀘과 이스마엘의 관계와 마찬가지로 예술가라는 동일한 역할을 한다. 토모는 타이피 사회라는 현실의 모순에 눈을 감을 수도, 그렇다고 해서 포경선과 프랑스 군함사회의 치열한 삶에도 가담할 용기가 없다. 따라서 그는 두 세계의 경계선상에서 배회하는 방랑자로서 소외감을 느끼게 된다. 이런 심리적인 동기로 그는 원시사회의 특성을 지녔을 뿐 아니라 문명사회에도 접한 바 있는 마르누를 이상적인 인물로 묘사하게 되는 것이다. 결국 타이피 섬의 실상을 밝히려던 자신의 의도와 어긋난 결론에 이르게 됨으로써 토모는 고뇌하게 된다. 이는 대다수 19세기 미국 지식인들이 극복하지 못했던 딜레마이기도 하다.

3.

 멜빌작품에서 일관되게 제시되는 예술가들의 초상은 진실과 허위를 구분할 수 없는 혼탁한 현실에 고뇌하면서도 이를 시정하는 움직임에 직접 참여하기를 꺼리게 됨으로써 결국 그 창작과정에서 자신의 목적과 어긋나게도 현실의 원리에 따르게 된다는 점으로 요약할 수 있다. 즉 진리를 밝혀내고자하는 의도에도 불구하고 결국 기존 이데올로기를 옹호하는 작품들을 창작해내게 됨으로써 그들의 의도와 결과사이에는 큰 간극이 벌어지게 된다. 따라서 그들은 진실한 메시지를 담기위해 또 다른 집필 작업에 몰두하게 되는 끊임없는 고뇌에서 헤어 나오지 못한다.

　진실탐구를 목적으로 하는 예술가들이 자신들도 의식하지 못하는 가운데 기존 현실을 옹호하게 이끄는 통제적인 사회 실상을 소설의 거리라는 심미적인 기법으로 비판하는 멜빌의 특성이 그의 처녀작 『타이피』에서부터 확연히 드러나고 있음을 살펴보았다. 작가로서 그의 절정기에 집필한 『모비딕』에 이르러서는 이런 상황에서 벗어날 수 있는 대안 책이 아합의 고래잡이 여정을 통해 제시된다. 아울러서 멜빌 예술의 종합이라 볼 수 있는 마지막 작품, 『빌리버드』에 이르면 비어선장과 그의 재판과정을 통해 이상적인 예술가상과 그 창작과정을 보다 구체적으로 재현하는 리얼리티를 보여준다.

<참고문헌>

Anderson, Charles Roberts. *Melville in the South Seas*. New York : Columbia UP, 1948.
Berthoff, Warner. *The Example of Melville*. Princeton: Princeton UP, 1962.
Booth, Wayne C. *The Rhetoric of Fiction*. Chicago : Chicago UP, 1983.
Clark, Michael. "Melville's Typee: Fact, Fiction, and Esthetics", *Critical Essays On Herman Melville's Typee*. Ed. Milton R. Stern, Boston, Massachusetts: G. K. Hall& CO, 1982.
Dryden. Edgar E. "Portraits of the Artist as a Young Man", *Critical Essays On Herman Melville's Typee*. Ed. Milton R. Stern, Boston, Massachusetts: G. K. Hall& CO, 1982.
Melville, Herman. *Typee*. Ed. A. Robert Lee. Chicago: Northwestern UP, 1968.
_____. *Moby-Dick*. Eds. Harrison Hayford and Hershel Parker. New York: W. W. Norton & Company, 1967.
Ruland, Richard. "Melville and the Fortunate Fall:Typee as Eden", *Critical Essays On Herman Melville's Typee*. Ed. Milton R. Stern, Boston, Massachusetts: G. K. Hall& CO, 1982.
Lawrence, D. H. "Herman Melville's *Typee and Omoo*", *Critical Essays On Herman Melville's Typee*. Ed. Milton R. Stern, Boston, Massachusetts : G. K. Hall& CO, 1982.
Duban, James. *Melville's Major Fiction*. Dekalb : Northern Illinois University Press, 1983.
Grejda, Edward S. *The Common Continent of Men*. Port Washington, N.Y.: Kennikat, 1974.
Leyda, Jay. *The Melville Log: A Documentary Life of Herman Melville*,

1819~1891. New York: Harcourt, Brace and Company, 1951.

Mumford, Lewis. *Herman Melville*. New York: A Harbinger Book, 1962.

Scorza, Thomas J. "Tragedy in the State of Nature", *Critical Essays On Herman Melville's Typee*. Ed. Milton R. Stern, Boston, Massachusetts: G. K. Hall& CO, 1982.

Sedgwick, William Ellery. *Herman Melville*. New York : Russel and Russel, Inc, 1962.

Stern, Milton R. *The Fine Hammered Steel of Herman Melville*. Urbana: Illinois UP, 1968. Ed. *Critical Essays On Herman Melville's Typee*. Boston, Massachusetts: G. K. Hall & CO, 1982.

Sedgwick, William Ellery. *Herman Melville*. New York: Russel and Russel, Inc, 1962.

Wright, Nathalia. *Melville's Use of the Bible*. Durham and London: Duke UP, 1949.

III. 이스마엘: 19세기 미국 예술가의 초상

1.

19세기 중엽 미국사회는 기존 가치관의 붕괴로 인한 급격한 변화를 경험한다. 이로 인한 갈등과 혼돈이 만연하면서 이를 부인하고자 하는 허위의식이 어느 때 보다도 짙어진다. 이러한 소용돌이 속에서 멜빌은 이를 어렵게 비판, 극복해 내게 된다. 그가 치열한 지성의 면모를 갖출 수 있었던 것은 사회 현실과의 부단한 접촉에 의해서이다. 어린 시절엔 타의에 의해 삶 속에 직접 부딪혀 나가야 했지만 20대 청년기에 이르러서는 자신이 살고 있는 사회가 규정하는 틀의 한계를 벗어나고자 일련의 고래잡이 여행에 전념하게 된다. 멜빌은 고래잡이 항해에서 깨달은 삶의 진실을 사회에 전하고자 작가의 길에 들어선 것이다. 당시 미국은 자국의 영토를 넓혀 나가며 이를 신에게서 부여받은 소명감으로 설명해 내게 된다. 즉 팽창주의에 전념해 나가는 것이 그들에게 부여된 '명백한 운명'이라는 이데올로기가 사회 구성원들의 의식 저변에 스며 있었다. 이러한 실상을 멜빌은 피라미드 모형에 비교되는 죽음과 같은 사회로 파악하였으며 예술가들도 이러한 상황에서 예외가 아님을 깨달는다. 그의 소설들에서는 공통적으로 기존 의식 구조에서 벗어나고자 애쓰는 예술가들조차 현실을 옹호해 나가는 딜레마를 화자의 여정을 통해 객관적으로 그려낸다.

1980년대 말엽 듀반과 삼슨은 멜빌 작품에 대한 자서전적인 접근 방법에서 벗어나 예술가의 진리 탐구 작업이라는 보편적인 주제를 소설의 거리라는 미학적인 기법으로 전개해 나가는 작가의 특성에 주목하게 된다. 삼손은 멜빌 작품에 등장하는 화자들의 여정을 기존 이데올로기, 즉 'white lies'를 수용하는 과정으로 본다. 듀반도 신빙성 없는 화자를 통해 당대 작가들의 한계를 비판하는 멜빌의 특성에 주목하며 그의 작품 분석에 있어서 소설의 거리를 인식하는 것이 중요하다고 강조한다. 『모비딕』에서는 화자와 저자가 쓴 두 가지 유형의 텍스트가 제시된다. 이스마엘의 1장에서 에필로그까지 균형 잡힌 형식의 텍스트가 그 하나이며 이에 "어원"(Etymology)과 "발췌"(Extracts) 부분을 덧붙인 '투박한 예술'(ragged art) 형식의 저자의 텍스트가 나머지 하나이다.[1] 따라서 『모비딕』 분석에 있어서 화자와 저자의 두 가지 서로 다른 층을 인식하는 것이 중요하다.

이스마엘의 텍스트에서 저자와 화자의 거리는 저자의 시점을 객관화하여 보여주는 펠레그선장의 이스마엘에 대한 평가와 화자의 언어 속에 함축된 작가의 관점을 통해서 드러나며 저자가 직접 개입하는 "어원"과 "발췌" 부분에서 이는 보다 분명해진다. 여기서 문법학교 조교사와 도서관 보조사서는 이스마엘 유형의 예술가들이며 이스마엘의 포경

---

[1] 본 논문에서는 모비딕이란 어휘를 세 가지로 구분함으로써 그 개념상의 혼동을 막고자 한다. 우선 저자의 직접적인 언술이 담겨있는 '어원'과 '발췌' 부분을 포함한 전 작품은 『모비딕』으로 표기하겠으며 이 부분을 뺀 1장에서 에필로그까지는 '모비딕'으로, 그리고 아합의 추적 대상인 모비딕으로 구분하도록 하겠다. 『빌리버드』에서 멜빌은 진실을 담고 있는 예술작품은 완벽한 균형미를 갖추고 있는 것이 아니라 투박한 모서리를 지니기 마련이라는 자신의 예술관을 밝힌 바 있다.

항해기도 이들처럼 고래에 관한 어원과 인용문들을 모아 놓은 것이다. 가령 역사책, 뉴잉글랜드 문법책, 의회 연설문, 전기, 편지, 신문 기사 등에서 모은 고래에 대한 80개의 인용문들로 구성된 "발췌"의 많은 부분들이 이스마엘의 텍스트에 포함되어 있다. 저자는 "포기하게. 자네가 세상을 기쁘게 하려고 애쓸수록 그만큼 감사의 말을 듣지 못할 것"(『모비딕』 2)이라며 이런 종류의 집필 작업을 멈출 것을 충고하며 그들의 작품을 옳게 읽어내는 방법까지 보여준다. 다시 말해서 이스마엘의 텍스트 같은 엄격한 형식의 알레고리, 그 체계적인 텍스트를 해체해서 보아야만 진실이 밝혀질 수 있음을 "어원", "발췌" 부분에서 인용부분들을 분절된 형태로, 즉 독자에게 시각적으로 제시한다.

소설의 거리를 적용시켜 『모비딕』을 분석해 보면 두 유형의 예술가 세계가 교묘한 균형을 이루며 제시되고 있음을 파악할 수 있다. 하나는 기존 사회가 규정해 주는 가치 기준을 진실이라고 받아들이는 결론에 도달함으로써 고뇌하게 되는 이스마엘이다. 그는 이 작품의 화자로서 당대의 전형적인 예술가이다. 반면에 아합은 저자가 바라는 바 이상적인 예술가 유형이다. 그는 기존 틀에서 벗어나 진실한 길에 이르려는 개인에게 사회가 가하는 구속을 깨닫는다. 아합은 고래잡이 여정을 통해서 진실을 구현하고자 하는 예술가의 소명감에 끝까지 전념해 나간다.

『모비딕』에서 예술가들의 진리 탐구 작업은 그들의 간접, 직접적인 고래잡이 여정을 통해 제시되므로 모비딕에 대한 올바른 통찰이 우선 이루어져야 한다. 그동안 평자들은 모비딕을 형이상학적인 선과 악의 개념, 혹은 모호한 상징으로 평가해온 바 있으나 본 논문에서는 이를 19세기 미국 사회의 실상을 제시하는 상징물로 파악한다. 우선 이스마엘이 모비딕을 리바이어던(Leviathan)과 혼용해 쓰고 있음에서 이러한 해석을 뒷받침 할 수 있다. 여기서 리바이던은 "발췌"의 "이런 술책에 의해 그 거대한 리바이어던이 만들어졌는데, 그것은 연방, 혹은 국가로 불리운다."(4)라는 인용부분이 함축하듯이 당대 사회체제를 상징한다고 볼 수 있다. 또한 "근대의 철도라는 강건한 리바이어던"(454)이라는 구절에서도 리바이어던, 즉 모비딕은 철도가 상징하는바 근대 산업사회를 의미함을 알 수 있다. 모비딕은 이상과 현실사이에 큰 괴리가 있는, 피라미드 모형의 인위적인 조형미를 갖추고 있는 사회체제를 의미하는데 모비딕과 피라미드 모형의 상호 밀접한 연관성이 『모비딕』전반에 걸쳐 반복적으로 제시된다.(Zoellner 76) 가령 모비딕은 피라미드와 같이 높은 흰색 혹을 지니고 있다고 설명된다. 또한 이스마엘은 기존의 고래 그림들이 피라미드의 측면을 스케치하고 있는 것에 불과하다고 불평하며 모비딕이 지니고 있는 위대한 점은 피라미드와 같은 침묵 때문이라고 말한다. 특히 모비딕의 골격을 영국 공리주의 철학자 제레미 벤담(Jeremy Bentham)의 그것과 비교하는 구절에서 미국사회의 실상을 제시하는 상징이라는 주장을 더욱 뒷받침할 수 있다.

> 제레미 벤담의 해골은 그의 유언 집행인의 서재에서 촛대로 쓰이고 있는데 제레미의 다른 주된 개인적인 특징들과 함께 넓직한 이마를 가졌던 옛 공리주의자 신사의 견해를 정확히 전달해 준다. 리바이어던의 관절로 이뤄진 골격에서는 이런 것을 추측할 수는 없지만. 사실은 저 위대한 헌터도 말했듯이 고래의 골격과 이를 감싸고 꽉 채워 넣은 것, 즉 살의 관계는 곤충과 그것을 둥글게 싸고 있는 번데기의 관계와도 같은 것이다. (228)

이스마엘은 여기서 고래의 골격은 그 전체의 형태와는 관계없다고 본다. 고래의 실체는 깊은 바다 속에서나 발견할 수 있으므로 위험한 고래추적 과정을 포기하는 것이 좋다는 입장이다. 반면에 과학자 헌터는 고래에게 있어서 뼈와 살의 관계는 곤충과 그것을 둥글게 싸고 있는 번데기의 관계라고 주장하며 또한 이등 항해사 스텁(Stubb)도 이는 벙어리장갑을 끼고 있는 사람의 손가락과 같은 것이라고 말한 바 있다. 이 두 입장에서 모비딕의 주된 특성은 그의 골격에서 드러난다는 함축된 작가의 관점을 알 수 있다.

멜빌은 개인의 자유가 침범당하는 19세기 미국사회는 바로 벤담이 보여주는, 현실과 연결고리를 맺지 않는 유토피아적인 이상에서 기인한 것임을 파악한다. 즉 이데올로기에 따라 이상사회를 구축해 낸 전형적인 인물로 벤담을 들고 있다는 점에서 20세기 사회 비평가 푸코(Foucault)와 멜빌은 공통점을 보여준다. 19세기 영국 공리주의 철학자인 벤담은 이상사회를 실현하기 위한 실험실적인 공간이라 할 수 있는 판옵틱(panoptique) 모형[2]을 구축해 낸 바 있다. 푸코가 이데올로기라는 보이지 않는 권력이 사회 구성원의 의식 내부에까지 영향력을 미치는 현대사회를 판옵틱 사회라고 설명하고 있듯이 멜빌도 이런 상황에 처하여 있던 19세기 미국사회를 피라미드 사회라고 보았음을 모비딕이라는 상징을 통해 함축적으로 제시한다.

이스마엘은 피쿼드 호가 침몰한 이전 항해에서 혼자 살아남아 돌아오게 된다. 그 뒤 아합 일행의 포경항해의 가치를 인정하며 이에 관한 집필 작업을 함으로써 간접적으로 나마 그러한 여정에 참여하려 한다.

---

2) 이 판옵틱 모형은 원형으로 된 감옥 건물로 중앙에는 어둠에 가려 보이지 않는 감시탑이 있고 주위의 독방에 죄수들은 격리 수용되어 있으며 빛이 통과할 수록 되어 있다. 이런 시설은 그 사회구성원인 죄수들 사이에 의사소통이 이루어지거나 집단의식을 형성할 기회를 차단시키며 그들로 하여금 감시탑에 의해 끊임없이 감시받는다는 의식을 갖게 만든다. 즉 과거권력의 핵심에서 군림하던 군주의 모습은 현대에 와서는 이데올로기를 의미하는 판옵틱의 중앙탑으로 대치되게 된다. 푸코는 사형대 위에서 죽어가야 했던 권력의 희생자들은 이제 모든 개별자로 확산되어 사람들은 고립화 및 개인화되어 끊임없이 기존 이데올로기에 의해 감시받고 통제당하며 조정받기에 이르렀다고 분석한다.(오생근, 한상진 51) 이와 마찬가지로 멜빌도 기존 이데올로기의 통제 속에서 의식 있는 예술가조차 헤어 나오지 못하고 있던 19세기 미국사회의 부정적인 면모를 벤담이 설계한 이상사회 모형에 비교한다.

그러나 원래의 의도와 달리 현실을 옹호하는 것이 곧 진리에 이르는 길이라는 주장을 하게 된다. 따라서 그는 진리를 담아내기 위한 창작의 붓을 반복하여 들게 된다. 이러한 딜레마에 봉착한 예술가 이스마엘의 피쿼드 호 사건을 바라보는 굴절된 시점을 통해 19세기 전형적인 미국 예술가의 초상을 그려 보는 것이 본 논문의 목적이다.

2.

이스마엘은 현실의 문제를 해결하기 위한 시도로 피쿼드 호 일행의 고래잡이 여행에 참여했다. 작품 중반에서 고래와의 대결 전에 도피하는 핍의 경험을 묘사하면서 "이 이야기의 나중에 가서는 나 자신도 이와 똑같이 바다에 내버려지게 되고 말 것이니까"(347)라며 이를 자신의 행적이기도 하다고 밝히듯이 그는 모비딕을 잡기 전 결정적인 순간에 도망쳐 나오게 된다. 그 이후 그는 "이는 곧 나에게 있어서 권총과 탄환을 대신하는 것이다"(12)라고 토로하듯이 개인을 구속하는 현실에 직접 대결하지 못함으로 인한 양심적인 고뇌와 우울함을 항해기를 집필하는 일에 매달림으로써 해소하고자 한다. 이러한 그의 현실에 대한 무력한 절망감과 행동력 결여는 결국 현실을 두둔하는 방향으로 선회하게 된다. 그는 "나를 이스마엘이라고 불러다오"(12)라며 자신이 사회의 추방자임을 강조하나 오히려 죽음과도 같은 현실에 매달리게 된다. 관으로 만들어진 구명대에 매달린 채 대양 위에 떠 있는 모습, 장의사나 장례 행렬을 뒤쫓는 모습, 혹은 포경자 교회 벽면의 대리석 묘비명을 넋을 잃은 채 응시하는 모습 등에서 이러한 특성이 뚜렷하게 드러난다.

현실과 단절된 채 집필되는 이스마엘의 포경 항해기의 한계점을 다음 세 단계로 나누어 분석하고자 한다. 우선 그가 집필해 낸 작품의 일반적인 특징을 살펴보고 모비딕에 대한 이스마엘의 관점을 통해서 그의 사회의식의 특성을 밝혀 보려 한다. 또한 이스마엘이 피쿼드 호 사건을 통해서 주장하는 바는 바로 17세기 퓨리턴 설교가들의 입장과 같은 것임을 제시해 보겠다.

　화자의 항해기 특성을 이해하기 위한 단서가 되는 부분은 어린 시절 꿈의 기억과 연관된 퀴퀙의 문신 새긴 팔에 포옹된 이스마엘의 모습이다. 어린 시절 그는 굴뚝을 올라가려다 계모에 의해 3층 조그만 방에서 16시간 동안이나 갇혀 있게 된다. 여기서 굴뚝을 올라가려는 것은 모체로 돌아가려는 욕구, 즉 사회현실에 직접 대면하기보다는 자신의 안전을 위해 이에서 도피하고자 하는 심리를 상징한다.(Pops 82) 반면에 아합의 세계가 "계모의 세계"(443)로 묘사되듯이 여기서 계모란 현실 대면에의 용기를 지닌 이를 뜻한다. 이렇게 그는 타의에 의해서 진실을 대면할 기회를 갖게 되나 이로 인해서 자신이 감당해야 하는 괴로움을 참지 못하고 계모에게 그 대신 때려 달라고 애원하게 된다. 이스마엘은 자신의 안전만 보장받는다면 그런 매질 정도는 자청해서 받아들이겠노라는 입장을 취한다. 또한 "모포"장의 상형 문자와 같은 문신이 새겨진, 즉 고래 피부표면의 상형문자와 같은 모형의 줄무늬들을 기억한다면 여기서 조각이불과 구분할 수 없을 정도로 온통 "크레타 섬의 끝없는 미로와 같은 꼴"(320)로 문신을 새긴 퀴퀙의 팔은 바로 고래를 상징하는 것임을 알 수 있다. 따라서 이 부분에서 현실의 원리를 수용한 시각으로 항해기를 서술하는 이스마엘의 입장이 드러난다.

　멜빌의 19세기 미국 예술가들에 대한 비판은 푸코의 권력 지식 연계론에 버금가는 통찰력을 보여준다. 푸코는 이데올로기의 통제 하에 있는 현대 사회에서 현실과 단절된 상황에 머무르는 한 지식인들은 기존 권력을 옹호하는 작품들을 산출해 내게 된다고 본다. 마찬가지로 멜빌은 현실과 부단한 접촉을 하지 않는 예술가가 이데올로기라는 감옥에서 헤어 나오지 못한 채 이를 옹호하는 작품을 집필해 내게 됨을 옛 이집트 왕족의 무덤인 피라미드와 그 내부 벽에 새겨진 피라미드 텍스트의 관계로 설명한다.

이스마엘 항해기의 피라미드 텍스트로서의 특성은 가로, 세로로 얽힌 채 고래 피부에 새겨진 직선들이 피라미드 벽에 그려진 신비한 상형문자와 같다는 구절에서 찾아 볼 수 있다. 즉 고래 표면처럼 이스마엘 유형의 예술가 퀴퀙의 온 몸에 새겨진 "진리에 도달하는 기술에 관한 신비한 책"(399)인 상형문자와 같은 문신은 "한 권으로 된 경이로운 작품"(399), 다시 말해서 예술가의 텍스트를 상징한다.

> 거의 바뀌지 않고 고래의 전 표면에는 무수한 직선이 비스듬히 교차되어 선이 그어지고 또다시 그어져 가로 세로로 얽혀 있어서 이는 마치 아주 솜씨가 뛰어난 이탈리아의 선형판화와 같은 모양이다…이것들은 상형문자이다. 피라미드의 벽에 그려진 신비한 암호문들을 상형문자라고 부른다면 그 이름은 지금 문맥에서 사용할 적합한 명칭이다. (260)

따라서 관에다 자신의 문신과 유사한 모양을 직접 새겨 넣은 퀴퀙의 작업이 바로 이스마엘의 경우임은 "이제 계속해서 기록해 나갈 골격치수는 내가 그것들을 문신 새겨 두었던 오른팔 위의 축어적인 기록을 베낀 것이다…적어도 아직 문신을 새기지 않은 몸의 다른 부분은 내가 그 당시에 창작하고 있던 시를 적기 위해 빈 곳으로 남겨 두어야 했다"(376)라는 구절에서도 드러난다. 이스마엘이 자신의 텍스트를 상징하는 포경자 교회 양쪽 벽면에 붙어 있는 세 개의 대리석 묘비명에 대해 "유골 한 점도 감싸고 있지 않은 이 검은 테두리를 한 대리석들에서 얼마나 공허한 비통함을 볼 수 있는가!…모든 신념을 부식시키는 듯한 글자들에서 얼마나 치명적인 상실감과 축복 받지 못한 신앙의 결핍을 볼 수 있는가!"(41)라고 토로함에서 볼 수 있듯이 이 피라미드 텍스트는 포경항해에서 희생된 이들의 삶의 궤적이 지워져 있는 '공허한 텍스트'이다. 피쿼드 호 사건의 진상을 담지 못한 특성은 화자가 퀴퀘그와 함께 꿈결 같은 분위기에서 매트를 짜는 장면을 통해서도 드러난다. 이스마엘은 여기서 자신의 창작과정을 우연, 자유의지, 필연성이라는 세 요소를 이용해서 '시간의 베틀'이라는 추상도면을 엮어 내는 작업으로 설명한다. 이 추상 도면의 현실과의 괴리는 이 장면 뒤에 따르는 실제의 모비딕 추격 작업과 별표로 분리됨으로써 분명하게 드러난다.(Cowan 107)

> 바삐 매트를 짜는 동안 나는 퀴퀘그의 하인이나 시종역할을 했다. 손을 북으로 이용해서 나는 긴 날줄 속에다 씨줄을 계속 넣고, 다시 넣고 있었으며 퀴퀘그은 옆에 서서 때때로 무거운 오크 재목으로 만든 막대기를 꼰 실들 사이에서 미끄러지듯이 살짝 움직였다…마치 이것은 '시간의 베틀'인 것 같았다…이 느긋하고 무관심한 막대기는 우연임에 틀림없다 —그렇다, 우연, 자유의지, 필연성—이들이 함께 뒤섞여서 만들어 내는 것이다…
>
> * * * * * *
>
> …돛대 위 부분, 활대에 아주 높이 서 있는 미친 듯한…타쉬테고가 있었다…"저기, 고래가 물을 뿜는다! 저기! 저기! 저기! 고래가 물을 뿜는다! 물을 뿜어!" (185-6)

이스마엘의 사회의식은 모비딕에 대한 그의 관점을 통해 드러난다. 『모비딕』에서는 흰 고래로 상징되는 모순적인 현실에 대한 두 가지 해석이 제시된다. 이를 감옥이라고 보는 아합의 입장과 신의 속성을 구현한다고 보는 화자의 관점이 그것이다. 아합은 모비딕을 개인을 감금하는 벽으로 보아 이를 뚫고 나가는 길이 유일한 진리탐색의 방법이라고 판단한다. 반면에 이스마엘은 모비딕이 신성함을 깨닫는 인식의 변화만이 사회 문제를 해결하기 위해서 필요한 길이라고 주장한다. 다시 말해 이는 부당한 현실을 벗어날 수 있는 최상의 방책은 그 벽을 제거해 나가는 것이 아니라 인식의 변화를 통해서 현실을 수용해 나가라는 논리이다. 따라서 이스마엘은 사회의 지배적인 이데올로기에 이르게 되는 여정을 곧 신성한 세계에 입문하는 것으로 본다. 모비딕이라는 사회체제는 절대적인 진실이라는 성역을 그 내부에 지니고 있어서 이 내부에서 지혜로 이끌어지느냐, 혹은 무모하게 이를 감옥의 벽으로 생각해서 타격을 가하느냐 하는 것이 바로 성공한 영웅과 실패한 영웅의 차이를 결정하는 시금석이 된다는 입장이다. 결국 아합 일행의 여정이 기존 사회의 벽을 깨고 나오는 작업이라면 이스마엘의 경우는 기존 이데올로기를 수렴한 시각으로 현실을 보게 되면 저절로 문제가 해결될 것이라는 주장을 하고 있는 셈이다.

  이스마엘은 과학적인 방법으로 고래의 의미를 탐색해 나갔다고 주장하나 주관적인 상상에 치우쳐 현상을 해석하게 된다. 따라서 "그것은 파악할 수 없는 삶의 환영에 대한 표상이다"(14)라고 토로하듯이 모비딕은 오징어, 백색증의 고래, 흰색의 신천옹 등과 같이 보는 이의 주관에 따라 변모되며 파악하기 힘든 환영과 같은 물체로 그려진다. "교향곡"장에 이르러서는 "남성적인 바다의 강력하고 거칠며 흉악한 사고방식이었다"(442)라며 모비딕이라는 존재는 객관적인 실체가 아니라 개인들의 허구적인 생각에 의해 생성된 것이라고 주장한다. 결국 이스마엘은 고래와 어류를 구분하는 과학자 린네(Linnaeus)의 결론 대신 고래를 "수평의 꼬리를 가졌으며 물을 뿜어내는 물고기이다"(119)라며 '물고기의 원형'으로 보는 신화적인 해석을 취한다. 이스마엘은 모비딕이 신성함을 주장하기 위해 이를 어류로 규정하게 되는데 신화들에서 어류는 신성한 영역, 절대적인 진실의 영역을 상징하기 때문이다.(Eliade 17-18) 이러한 자신의 관점은 "나는 고래가 물고기라는 옛 부터의 입장을 취하며 성스러운 요나(Jonah)가 나를 지지하기를 호소한다"(119)라며 요나서를 바탕으로 한 것임을 암시하나 이는 요나 신화(Jonah Legend)에 토대를 둔 것이다. 결국 이스마엘의 고래탐구 작업은 과학적인 방법으로 모비딕의 진실을 밝혀내기보다는 통념대로 신성함을 강조하는 데 주된 목적이 있다.

고래를 신격화하는 작업은 포경 항해기 전반에 걸쳐서 전개되나 특히 "대초원", "호두", "꼬리", "큰 망치"장 등에서 두드러진다. 이들 장에서 고래의 호흡체계, 꼬리의 역할, 머리부분, 골격 등에 대해서 정밀하게 탐색해 나가나 이스마엘의 주된 관심은 고래가 마지막에 피쿼드 호를 격파함으로써 신의 의지를 구현한다고 주장하는데 있다. 이스마엘은 "이마에 깃들어 있는 신과 같은 고귀하고도 강력한 위엄이 매우 광대하게 확대되어 있으므로, 그것을 바로 정면에서 응시하게 되면 다른 어떤 생물을 보는 것보다 훨씬 더 강렬하게 신성함과 두려운 힘을 느낄 것이다"(292)라며 특히 고래의 이마 부분이 신의 특성을 보여준다고 강조하는데 이는 모비딕이 주로 이마로 아합 일행을 공격하기 때문이다. "고래의 흰색"장에서 모비딕의 흰색을 "그것은 영적인 존재의 가장 의미심장한 상징, 아니 기독교 신, 바로 그를 베일로 가린 존재이다"(169)라고 묘사하고 첫날 추격 장면에 이르러서 그는 "이 거대한 신은 그렇게 자기 자신을 한번 내보이고는 이내 물속으로 사라지고 말았다"(448)라며 고래가 '신'과 같은 존재라고 분명히 밝힌다.

이스마엘이 대변하는 19세기 미국 예술가들에게 미국이란 단어는 한계를 지닌 정치체제가 아니라 신의 의지를 구현하는 메타포로 이용됨으로써 미국 신화에서 그들을 벗어나지 못하게 하는 고대 사회의 터부와 같은 역할을 한다. 결국 모비딕을 신의 의지의 구현체로 보는 논리 전개과정에 있어서 이스마엘은 자신이 주장하는 신의 의도라는 것이 악의를 행하려는 '동물적인 본능'에 불과한 것임을 깨닫지 못할 정도로 분별력을 잃어 '미국 이데올로기'의 대변자 노릇을 하였다(Bercovitch(1986) 426, Duban(1983) 140-41)는 비판을 받게 된다.

예술가로서 이스마엘의 한계를 지적하기 위한 세 번째 단계로 퓨리턴 설교가로서의 특성을 들 수 있다. 퓨리턴 설교가 들은 공통적으로 신이 내리는 벌과 구원의 은총이라는 역설적인 주장을 하는데(Duban(1983) 148) 이스마엘도 아합 선장의 포경항해와 자신의 포경항해기 집필과정을 각기 신의 응징과 은총을 받을 수 있는 길로 설교한다. 이스마엘은 아합이라는 인물을 실패한 주인공으로 내세우면서 그의 길을 따를 때는 피쿼드 호 일행과 같은 파멸이 올 것임을, 이들의 죽음에서 신이 인간사에 개입해 응징하는 기적을 목격할 수 있었다고 강조한다. 따라서 그는 위험스런 현실에 대면해서 신의 분노를 사기보다는 자신처럼 간접적으로 포경 항해의 의미를 되새겨 보기 위한 창작 작업에 전념할 것을 권유한다. 이는 바로 성서 속의 요나의 길로서 신의 은총으로 구원받을 수 있는 방법이라고 주장한다.

펠레그가 "젊은이는 선원으로서가 아니고 목사로서 배에 타는 게 나을 거 같은데, 이런 훌륭한 설교는 들은 적이 없어…매플(Mapple) 목사처럼 유명한 사람도 자네에겐 당하지 못할 걸세"(83)라고 평했듯이 화자의 설교가로서의 특성은 매플 목사, 또한 그와 동일한 내용을 설교하는 흑인 요리사 플리스(Fleece)를 통해서 드러난다. 우리 자신의 의사를 따르지 말라는 요지의 매플의 설교는 자신의 본심을 잘 제어할 수 있는 상어가 바로 천사라는 플리스의 주장으로 이어진다. 이스마엘은 이 등 항해사 스텁에 대한 플리스의 "하나님! 저 놈이 고래를 먹기 전에 고래한테 먹혔으면 좋겠습니다"(254)라는 바램을 "현명한 외침"(254)이라고 수긍한다. 따라서 고래가 포경 선원들을 죽이는 것이 신의 뜻이라며 오히려 이를 기원하는 플리스의 입장이 바로 그의 관점이기도 함을 알 수 있다. 여기서 자신들과 같은 입장을 취하면 신의 은총을 받기 마련이라는 자기 우월적인 태도가 함축되어 있음을 알 수 있다. 이런 합리화는 결국 진지한 진실 탐구 의지를 없애고 나아가 자신들과 다른 가치관을 지닌 이들을 배제하려는 논리로까지 사용된다. 이로써 현실을 옹호하기 위한 목적으로 기독교를 이용하던 당대의 전형적인 지식인으로서의 면모가, 이스마엘의 주된 논리가 미국 예레미야(애가) 양식임이 드러난다. 또한 처음 내려진 보트를 탄 이후에 깨닫게 되었다는, 즉 현실의 모순점들은 신의 은총을 받기 위해 감수해야 하는 시련의 과정에 불과하므로 이를 인내하는 것이 필요하다는 요지의 '무법자'(desperado) 철학에서도 화자의 이러한 특성이 드러난다.

> 바로 조금 전만 하더라도 가장 중대한 일 같이 보였던 것이 이제는 평범한 농담의 일부로 생각된다. 이 자유롭고 느긋한 종류의 온화하며 앞뒤 가리지 않는 무법자 철학을 낳게 하는 것으로 이 포경의 위험만한 것이 없다. 나도 이러한 철학을 갖고 피쿼드 호의 항해와 그 추적대상인 거대한 흰 고래를 고찰하고자 한다. (195-96)

이스마엘은 아합 일행이 자신들의 위험을 무릅쓰고 발견해 낸 진리의 본질이 무엇인지 분명히 밝히기보다는 이러한 진리는 발견해 낼 수도 없는 것이며 또 그러한 시도를 하게 되면 불가피하게 큰 위험에 봉착하게 된다는 주장만을 항해기 전면에 걸쳐서 반복적으로 설교해 나간다. 따라서 이스마엘의 설교문은 아합 일행의 파멸이 신의 기적적인 응징이 이루어진 예임을 독자에게 설득시키기 위한 고도의 수사학적인 방법과 논리로 채워져 있다. 가령 "선서" 장에서는 신이 인간의 역사에 응징을 가한 예들을 6세기 프로코피우스(Procopius)에서부터 19세기 중엽 미국의 에섹스(Essex)호에 이르는 사건들로 제시한다. 또한 성서에 나오는 기적들을 임의적으로 피쿼드 호 사건에 적용하는 예들이 많이 발견된다. 가령 돛에 박힌 금화(Doubloon)를 쳐다보는 아합의 모습을 바빌론의 멸망을 예언하는 다니엘서의 "저 늙은이는 벨사살(Belshazzars)의 무서운 글을 읽는 것 같구나"(360)라는 구절로 묘사함으로써 그를 벨사살 왕에 비교하고 피쿼드 호의 운명을 유대인들을 노예화한 바빌론에 대한 신의 심판과 연관짓고 있음을 알 수 있다. 또한 피쿼드 호가 마지막에 침몰되는 모습을 "모든 것은 무너졌고 바다의 커다란 수의는 오천 년 전에 굽이치던 그대로 여전히 굽이치고 있었다"(469)라며 바다라는 큰 수의, 즉 지옥에 빠지는 것으로 묘사함으로써 이를 바빌론에 내려진 신의 심판으로 제시한다. 그리고 당대 종교학자들이 노아의 홍수시기를 오천 년 전이라고 보았듯이 이스마엘은 피쿼드 호를 침몰시킨 대양도 오천 년 전부터 흘렀다며 노아의 홍수 사건에서 볼 수 있었던 신의 '응징의 기적'을 바로 아합 일행에게서 목격할 수 있었다고 강조한다. 배경묘사를 통한 간접적인 방법으로도 아합의 길을 피할 것을 주장한다. 따라서 그의 항해기는 모비딕과의 대결을 추진해 나가는 피쿼드 호의 종말을 예시하는 불길한 전조로 가득하다. 이는 후반부에 이를수록 심화되어 이를테면 아합은 작살을 담금질하다가 머리가 벗겨질 뻔 했으며 적도 어장 부근에서 헤롯 왕에게 죽음을 당한 무고한 영령들의 울음소리와도 같은 흉조의 소리를 듣게 되며 흰 고래를 맨 처음 보았던 이가 죽는 것으로 서술된다. 독수리가 선장의 모자를 빼앗아 달아나는 사건은 바로 아합을 파멸시키는 고래의 전조로 제시된다.

반면에 이스마엘은 자신의 행로를 유일한 구원의 길로 주장한다. 따라서 자신을 대변하는 예술가 퀴퀩의 길이 생존할 수 있는 방법이라고 설교하는데 이는 특히 자신의 구원 장면에서 보다 분명하게 제시된다. 즉 에필로그에서 그는 관이며 자신의 텍스트를 상징하기도 하는 퀴퀩의 구명대를 잡음으로써 살아날 수 있었다고 말한다. 따라서 항해기 집필 작업을 진리의 길로 추천하는 이스마엘의 텍스트에서는 모비딕의 객관적인 모습보다는 오히려 '모비딕'이라는 자신의 창작과정에 더 관심이 있는 자의식적인 예술가의 모습이 박진감 있게 그려짐으로써 '집필 장면'(scene of writing)과 고래를 책으로 변모시키는 과정이 많은 부분을 차지하게 된다. 가령 "포경학"장에서 그는 서지학적인 방법으로 고래를 분류하는 것이 실용적인 고래 탐구 작업이라며 고래 탐구의 문제를 일종의 책 분류작업으로 보아 인쇄업자의 관례에 따라 고래를 제일 권, 이 권, 삼 권 등 세 종류로 나누게 된다. 그러나 그의 고래잡이 체험기 집필 작업은 실은 자신의 안전을 보장받는 범위에서 진리를 탐구하기 위한 방편이었다. 이는 현실 대면의 위험을 피하기 위해서 항해기 집필 작업으로 선회하는 장면들에서 여러 번 드러나는데 가령 고래가 뿜는 물속에 유해한 성분이 있다며 자신은 이런 위험한 대상을 직접 탐구하기보다는 "물보라는 안개에 지나지 않는다"(313)라는 허구적인 가설을 세우는 일, 즉 고래를 주제로 한 창작 작업에 전념하겠다고 주장한다. 이를 합리화하고자 포경업은 바로 포경항해기를 집필하는 작업이며 포경 선원도 고래를 잡는 이가 아니라 고래 속에 함몰되어 있는 사람이라며 그 전형적인 인물로 요나를 든다.

이러한 관점은 특히 작품 서두의 "내 영혼의 가장 깊숙한 곳으로 두 마리씩 떠올랐다. 고래의 끝없는 행렬들, 그들 가운데 두건으로 덮인 거대한 환영이 있었다"(16)라는 구절에서 드러난다. 또한 그가 "중심부에 있는 태양이 천칭좌(Libra)에 있는 천구의 적도 부분에 들어가고 있다"(359)라며 항해의 목적지를 적도부근으로 삼음으로써 태양이 12궁도 중 천칭좌, 즉 쌍어좌(Pisces)에 이르는 때와 연관지어서 포경 항해의 목적을 쌍어좌에 이르는 것으로 설정함에서도 볼 수 있다. 위 예문에서 두 마리씩 떠오르는 고래 행렬의 의미는 중요한데 이스마엘은 두 마리의 물고기 모습을 요나가 고래 속에 함몰된 형상으로 설명한다. 요나가 고래 속에 함몰됨으로써 구원받게 되었다고 보는 화자의 입장은 요나서의 고래에 관한 해석들에 대한 평가를 통해서도 드러난다. 가령 새그 항의 노인이 요나의 여정이 고래 뱃속에 갇히는 것으로 끝난다고 보는 통념적인 해석방법에 반대하자 이는 성직에 대한 반항적인 태도라고 비난한다. 반면에 요나가 떠돌아다니는 죽은 고래에게서 대피 처를 구했다는 독일의 성서학자와 고래를 위험에 처한 요나가 헤엄쳐 간 구명대로 보는 다른 성서학자들의 주장에는 동의한다.

자신의 입장에 신빙성을 부여하기 위해 세계 각국 신화의 주인공들, 즉 안드로메다(Andromeda)왕녀를 고래로부터 구원해 아내로 삼은 페르세우스(Perseus), 바다 물개에 올라탄 성 조오지(St. George), 고래에 삼켜졌다 토해진 헤라클레스(Hercules), 바다 밑의 베다 성전을 꺼내기 위해 고래로 변모한 비시누(Vishnoo) 등을 진정한 포경 선원이라고 주장한다. 따라서 이스마엘의 고래잡이 여행기는 기독교 정신과 괴리된 신화의 특성을 띄게 되어 프랭클린(Bruce Franklin)은 항해기를 '신화의 원동력'에 대한 탐험(129)으로 보며 톰슨(Lawrence Thompson)은 '반 성서적인 특성'을 보여준다(112)고 말하고 로빈슨(Douglas Robinson)은 '요나서를 풍자한 음울한 책'(142)으로, 허버트(T.W. Herbert)는 '다신교적이고도 범신교적인 도덕을 담고 있다'(159)고 평한다.

결국 피쿼드 호 일행의 파멸에서 신의 의도를 목격할 수 있었다고 주장함으로써 이스마엘은 인디언 부족이었던 피큇(Pequot) 족을 전멸시킨 사건을 섭리론 적으로 해석하던 매터(Increase Mather), 쉐파드(Thomas Shepard), 브래드포드(W. Bradford) 등 17세기 퓨리턴들과 같은 섭리론 적인 역사가의 입장을 취한다.(Duban(1983) 108, 139) 그러나 그는 결코 이에 안주하지 않는 예술가로서 이스마엘의 고뇌도 바로 이러한 자신의 한계를 인지하면서 시작된다. 따라서 그는 자신이 내린 결론의 의미를 감지하는 순간 진실을 담기 위한 또 다른 집필여정을 떠나게 된다.

3.

멜빌은 이스마엘 유형의 예술가들을 비판하나 유보적인 범위에서는 이들의 고뇌에 대해 긍정적인 평가를 내린다. 자신의 한계를 깨닫는 순간 진실을 담기 위한 창작 작업에 다시 몰두하곤 하는 이스마엘은 끝없는 '이야기 서술'(story-telling) 작업에 매달리는, 영국 시인 콜리지(Coleridge)의 시에 나오는 '노 수부'(Ancient Mariner)와 같은 인물이다.(Brodtkorb 17) 그는 기존 이데올로기를 탈피하지 못하는 자신의 한계에 번민하며 이를 "또 다른 익시온인 것처럼 나는 빙글빙글 돌았다"(470)라며 끝없이 회전하는 바퀴의 움직임에서 벗어나지 못하는 익시온의 고뇌로 설명한다. 그러나 그는 점차 이러한 한계에서 벗어난다. 즉 이스마엘의 텍스트는 '타운 호'(Town-Ho) 이야기와 1장부터 에필로그까지의 '모비딕' 부분의 두 단계로 제시되는데 '타운 호' 이야기보다 뒤에 쓰어 진 '모비딕'에 이르러서 더 진실 된 메시지를 담게 된다.

작가의 세계관과 작품사이의 밀접한 상관성에 깊은 관심이 있는 멜빌은 두 단계의 텍스트에서 볼 수 있는 화자의 변모를 강조한다. '타운 호' 이야기와 '모비딕' 이야기를 하는 장소는 각기 '황금 여인숙'(Golden Inn)과 '물보라 여인숙'(Spouter Inn)으로 이는 그 당시 화자의 지적, 도덕적인 특성을 함축하는 배경이다. 피쿼드 호 사건 직후 이스마엘은 현실에 안주한 채 물질적인 풍요에 만족하는데 이는 『타이피』에서 포경선 돌리 호로부터 타이피 섬으로 탈출해 그 곳에서 베풀어지는 온갖 환대와 쾌락에 만족하며 낙원으로 여기던 토모의 모습을 연상시킨다. 이스마엘은 올바른 기독교 가치관을 찾아 볼 수 없는 도시 리마의 비싼 숙소, '황금 여인숙'에서 귀족 친구들과 술, 담배 등 여흥을 즐기면서 '타운 호' 이야기를 한다. 그러나 포경선을 탄 경험이 입증하듯이 사회문제에 고뇌하던 이스마엘은 이러한 상황에 결국 만족하지 못하게 된다. 그는 아합 일행의 세계관을 보여주는 흑인 교회에도, 또한 현실에 눈감고 자신들의 안위에만 관심을 쏟는 기득권층의 삶을 대변하는 '황새치 여인숙'(Swordfish Inn)과 '십자형 작살 여인숙'(Cross Harpoon Inn) 등의 비싼 숙소에도 들어가려 하지 않는다. 다만 비바람을 피할 수 있는 최소한의 숙소 역할을 해주며, 아울러서 그 숙소의 이름이나 그 입구에 전시된 포경 항해에 관한 그림이나 포경용 무기들에서 볼 수 있듯이 간접적으로나마 포경업과 연관된 '물보라 여인숙'을 택한다. 이 선택은 포경 항해의 의미를 인정하면서도 자신의 최소한의 안전을 보장받는 범위 내에서 고래잡이 여정에 관여하려는 이스마엘의 의향을 보여준다.

 '타운 호' 이야기에서는 피쿼드 호 사건이 훨씬 왜곡된 채로 그려진다. 이스마엘은 줄곧 고래를 추격해 나가던 피쿼드 호를 고향으로 향한 포경선 '타운 호'로 서술한다. 또한 래드니(Radney)의 모비딕 추격 작업을 스틸킬트(Steelkilt)와 선장에 의한 래드니 제거 사건으로 설명해 나간다. 즉 아합의 고래 추격 작업이 그려지는 '모비딕'과 달리 '타운 호'

이야기에서 아합은 오히려 고래를 추격하는 이를 제거하는 일에 참여하는 것으로 묘사된다. 또한 피쿼드 호 사건을 발단시킨 모비딕에 대한 설명을 거의 생략해 청중의 일원인 돈 세바스찬(Don Sebastian)이 그 정체와 역사에 관해 질문하게 되나 이스마엘은 "매우 하얗고 유명하며 가장 지독한 괴물이야⋯그러나 이야기 하자면 너무 길어"(221)라고 간략하게 대답할 뿐이다. 그러나 '모비딕'에서는 긴 장을 할애하여 흰 고래의 의미를 구명하려 애쓰기 때문에 그의 포경 항해기는 포경학이라고 불려 지기도 한다. 또한 '타운 호' 이야기와는 달리 피쿼드 호 사건의 갈등 세력이 아합 일행과 모비딕임이 분명히 밝혀지며 특히 사흘 동안의 고래 추격 장면에서 집약적으로 드러난다. 이는 물론 이스마엘이 '황금 여인숙'에서 '물보라 여인숙'으로 힘들여 걸어 나감으로써 이룩한 성과이며 카니발리즘이 성행하는 타이피 섬의 실상을 깨닫고 다시 줄리아 호로 도망쳐 나오는 토모의 여정이기도 하다. 화자는 이 두 이야기를 그대로 엮어낸 이유를 "유머러스한 효과를 노리기 위한 것"(208)으로 설명하나 함축된 작가는 리마에서 한 '타운 호'라는 "더 어두운 이야기"(208)를 '모비딕' 속에 짜 넣음으로써 그 차이점을 주목해 볼 것을 독자에게 권하고 있는 것이다. 따라서 멜빌은 유보적인 범위 내에서 고뇌하는 예술가 이스마엘의 여정에 대해 그 가치를 인정해 주고 있음을 알 수 있다.

4.

멜빌은 개인이 이데올로기의 덫에서 벗어나기 힘들었던 19세기 미국 사회에서 예술가가 담당해야 할 책임이 크다고 보았다. 당대의 혼탁한 현실을 해결하기 위한 길은, 즉 그 물꼬를 틀 원천지는 지식인들, 다시 말해서 작가들에게 있다고 저자는 보았다. 그리고 그 방법은 현실에 천착함으로써 사회의 진 면모를 파악하고 그 해결을 위한 실천적인 작업으로 이어져야 한다는 메시지를 소설의 거리라는 미학적인 기법으로 그의 작품에 담고 있다. 멜빌은 이상적인 예술가 유형을 고래잡이 항해에 직접 투신하는 아합의 모습으로 제시한다. 고래의 항로를 추적하기 위한 해도 작성 작업에 전념하는 그의 모습은 그대로 예술가의 창작 작업에 비견될 만큼 치밀하다. 그러나 당대의 전형적인 예술가 이스마엘, 즉 아합처럼 맞서서 문제를 해결할 용기가 없는 예술가는 결국 현실을 옹호하게 된다. 저자는 이런 인물들이 피라미드 모형의 사회 속에서 피라미드 텍스트를 산출해 내는 과정을 통해 이를 집약적으로 그려낸다. 따라서 이들은 진실을 담아내기 위한 또 다른 집필 작업에 매달림으로써 반복적인 회로에서 벗어나지 못한다. 이것이 이스마엘의 고뇌이다. 그러나 저자의 통찰력은 이들의 제한된 시도도 미소한 범위 내에서는 진실에 다가갈 수 있는 계기가 되고 있음을 알아내며 이를 이스마엘의 '타운 호' 이야기와 '모비딕'이라는 두 텍스트의 차이점을 통해 제시한다.

  예술이 걸어 온 역사는 지적인 경향을 지닌 이들이 기존 체제에서 끊임없이 이탈해 나가고자 하는 발자취로 이루어진 것이라고 말할 수 있다. 진정으로 창의적인 예술가란 사회적인 규범의 울타리 너머에 있는 세계의 모습을 바르게 통찰해 내고자 한다. 이러한 예술가의 면모를 당대의 전형적인 예술가 이스마엘과 보편적인 진리를 구현하는 예술가 아합의 여정을 통해 제시하고 있음을 멜빌의 『모비딕』연구를 통해서 살펴보았다.

<참고문헌>

오생근, 한상진. "미셸 푸코, 지식과 권력의 해부학자," 『미셸 푸코론』, 서울: 한울, 1985.

Bakhtin, Mikhali. *Problems of Dostoevsky's Poetics*. Tr. and Ed. Caryl Emerson. Minneapolis : Minnesota UP, 1984.

Bercovitch, Sacan. *The American Jeremiad*. Maidson: Wisconsin UP, 1978.

_____. "Afterword", *Ideology and Classic American Literature*. Eds. Sacan Bercovitch and Myra Jehlen. Cambridge: Cambridge UP, 1986.

Booth, Wayne C. *The Rhetoric of Fiction*. Chicago: UP, 1983.

Brodtkorb, Paul J. *Ishmael's White World: A Phenomenological Reading of Moby-Dick*. New Haven and London, Yale UP, 1965.

Colatrella, Carol. *Literature and Moral Reform: Melville and the Discipline of Reading*. Gainesville: Florida UP, 2002.

Cowan, Bainard. *Exiled Waters: Moby—Dick and the Crisis of Allegory*. Baton Rouge and London: Lousiana State UP, 1982.

Dryden, Edgar A. *Melville's Thematics of Form*. Baltimore: The Johns Hopkins UP, 1968.

Duban, James. *Melville's Major Fiction: Politics, Theology, and Imagination*. Dekalb: Northern Illinois UP, 1983.

_____. "Cripping with a Chisel: The Ideology of Melville's Narrators", *Texas Studies in Literature and Language31* (1989): 341-85.

Eliade, Mircea. *Cosmos and History*. (Tr.) Willard R. Trask. New York: Harper Torchbook, 1959.

Franklin, Bruce. *The Wake of Gods: Melville's Mythology*. Stanford: Stanford UP, 1963.

Hayford, Harrison. *Melville's Prisoners*. Evanston: Northwestern UP, 2003.

Herbert, T.W. *Moby Dick and Calvinism: a world dismantled.* New Brunswick: Putgers UP, 1877.

Melville, Herman. *Typee.* Eds. Harrison Hayford, Hershel Parker and G. Thomas Tanselle. Evavston and Chicago: Northwestern UP, 1968.

_____. *Moby-Dick.* Eds. Harrison Hayford and Hershel Parker. New York: W. W. Norton, 1967.

_____. *Billy Budd, Sailor.* New York: Penguin Books, 1967.

_____. *Journal of a visit to Europe and the Levant, October 11, 1856-May 6, 1857.* Ed. Howard C. Horsford. New Haven: Princeton UP.

Otter, Samuel. *Melville's Anatomies.* Berkeley and Los Angeles: California UP, 1999.

Robinson, Douglas. *American Apocalypse.* Baltimore: Johns Hopkins UP, 1985.

Rogin, Michael Paul. *Subversive Genealogy: The Politics and Art of Herman Melville.* Berkeley: California UP, 1979.

Samson, John. *White Lies: Melville's Narratives of Facts.* Ithaca and London: Cornell UP, 1989.

Sanborn, Geoffrey. *The Sign of the Cannibal: Melville and the Making of a Postcolonial Reader.* Durham and London: Duke UP, 1998.

Sedgwick, William Ellery. *Herman Melville.* New York:Russel and Russel, Inc, 1962.

Spanos, William V. *The Errant Art of Moby-Dick: The Canon, the Cold War, and the Struggle for American Studies.* Durham and London: Duke UP, 1995.

Thompson, Lawrence. *Melville's Quarrel with God.* Princeton: Princeton UP, 1952.

Wenke, John. *Melville's Muse: Literary Creation and the Forms of Philosophical Fiction.* Kent: The Kent State UP, 1995.

Zoellner, Robert. *The Salt-Sea Mastodon: A Reading of Moby-Dick.* Berkely: California UP, 1973.

IV. 아합: 현실 초극의 예술가

1.

현대 소설을 읽는 매력 중 하나로 독자의 상상력을 발휘할 공간을 많이 확보하고 있다는 점을 들 수 있다. 『모비딕』에서 아합이라는 인물에 초점을 맞추고 작품 얘기를 해 보면 다양한 해석의 길을 발견할 수 있다. 본 글에서는 그 한 가지 예를 독자 여러분에게 제시해 보려고 한다. 이 글의 논지와 찬성하는지, 혹은 반박하는 입장인지 각기 정리해 보고 그 이유를 논리적으로 찾아보는 것은 의미 있는 독서행위가 된다. 아울러서 우리 삶에 있어서 과연 "진실의 길"은 어디 있는지 고뇌하던 멜빌의 정신세계에 한 걸음 다가갈 수 있는 지름길이 된다고 생각한다.

작가가 활동했던 19세기 미국에서는 초기작인 『타이피』와 『오무』를 제외하고는 대중으로부터 거의 주목을 받지 못했던 멜빌은 그 현대적인 특성으로 인해 이제는 대표적인 미국 소설가로 그 자리 매김을 하고 있다. 멜빌은 예술가의 진리 탐구라는 보편적인 주제를 20세기 초엽 제임스, 콘라드, 조이스 등이 주목했던 소설의 거리라는 미학적인 방법으로 전개해 나갔다. 따라서 『모비딕』분석에 있어서 화자와 함축된 작가사이의 거리를 인식하는 것이 중요하다.

19세기 중엽 미국사회는 물질적인 풍요로 대부분 사람들은 낙관적인 세계관에 빠져 있었다. 반면에 '당대의 유목민'이라고 지칭될 수 있을 정도로 해상생활이나 남태평양의 섬 생활 등에서 다양한 현실 경험을 해 나갔던 멜빌은 당시 미국사회에 대한 낙관적인 평가들과 달리 고정된 틀에서 벗어나지 못하는 획일적이고 통제적인 사회임을 통찰할 수 있었다. 따라서 그의 소설들에서는 공통적으로 지배 이데올로기를 초극하고자 하는 예술가들의 여정이 다뤄진다. 대부분의 예술가들은 진리를 구현해 내고자 하는 진지한 의도에도 불구하고 현실과 타협하는 귀결점에 이르게 된다. 『모비딕』에서는 진실과 허위를 구분할 수 없는 혼탁한 현실에 고뇌하는 두 유형의 예술가가 나온다. 하나는 이 작품의 화자로서 당대의 전형적인 예술가인 이스마엘이다. 그는 사회가 규정해 주는 가치기준을 진실이라고 받아들이는 결론에 도달함으로써 고뇌하게 된다. 이런 유형의 예술가는 자신이 도달하게 된 이러한 타협적인 결론에 번민하며 이를 벗어나기 위해서 창작 작업에 또 다시 뛰어들게 된다. 반면에 피쿼드 호 선장 아합은 기존 틀에서 벗어나 진실한 길에 이르려는 개인에게 사회가 가하는 구속을 깨닫는다. 그는 고래잡이 여정을 통해서 진실을 구현하고자 한다.

2.

모비딕을 쫓는 피쿼드 호에 승선한 이들은 아합 선장, 항해에 참여했던 유일한 생존자로서 그 후 피쿼드 호 사건을 집필하게 되는 이스마엘, 그밖에 퀴퀙 등 선원들이다. 이들의 신분은 일차적으로는 포경선원들이다. 그러나 항해 틈틈이 상상력을 발휘해서 고래의 이빨에 고래나 고래잡이들의 그림을 조각한 상아 세공품들을 직접 제작해 내는 모습들에서 이들은 예술가들이기도 함을 알 수 있다. 가령 선주 펠레그의 경우도 피쿼드 호 곳곳에 고래모습을 조각해 낸 예술가이다. 예술가 아합과 이스마엘의 진리 탐구 과정은 각기 "해도"(The Chart)장의 해도작성 작업과 "매트 짜기"(The Mat-Maker)장에서 퀴퀙과 함께 매트를 짜는 작업으로 함축적으로 제시된다. 그러므로 『모비딕』에서 포경항해에 직접, 간접적으로 참여하는 모든 이들은 한결 같이 창작 작업에 관여하고 있는 예술가의 특징을 지닌 인물들로 그려지고 있음을 알 수 있다.

이들 중 아합 선장은 저자가 바라는 이상적인 예술가 유형으로 제시되고 있음(Thompson 222)을 밝혀보고자 한다. 우선 그에 대한 종래의 일반적인 비평동향을 살펴보겠으며 소설의 거리에 입각해볼 때 아합의 긍정적인 면모가 드러나게 됨을 강조하고자 한다. 그동안 아합 선장에 대한 부정적인 평들이 주도적이었음은 화자 이스마엘의 시점을 바로 저자의 의견이라고 파악하였기 때문이다. 물론 아합 선장을 긍정적인 시선으로 바라보고자 하는 소수 비평가들의 시도가 있어왔다. 가령 매씨슨은 자유의지를 구현하는 독립적인 인간이라며 아합에 대한 긍정적인 해석의 단서를 제시한 바 있다.(Pease 400-403 재인용) 번스테인(John Bernstein)도 "저항의 철학"에 입각한 아합 선장의 진리 탐구 작업은 전 인류에게 구원을 가져올 수 있는 방법(113-124)이라고 평가한다. 그밖에도 기존의 통념적인 사고방식을 뛰어넘는 진리 추구자(Sedgwick 109), 당대의 지배적인 이데올로기에 끊임없이 대항해 나간 진정한 진리 탐험가(Brayshaw 9)라는 비평 등이 있다.

기존의 아합 선장에 대한 부정적인 의견은 비극적 결함에 의해 파멸되고 마는 비극적 인물로 보는 관점과 전형적인 독재 정치가로서 해석하는 입장으로 크게 나뉜다. 이스마엘은 아합이 꽤 고집이 세고 병적으로 음울한 비극적인 결함 때문에 모비딕을 추격하게 된다고 주장한다. 또한 그를 "웅대한 비극작품들을 위해 만들어 낸 대단한 인물"(71)로서 천상에서나 바다 속 깊은 곳에서 발견할 수 있는 영웅적 자질을 지니고 있다며 비극적인 영웅 상으로 부각시킨다. 그리고 자신은 이런 인물의 비극적인 생애를 그려내는 비극작가라고 밝힌다. 아울러서 이스마엘은 아합이 모비딕을 추적하기 위해 불가피하게 포경용 무기를 사용한다든지 끝까지 원래 목적에서 이탈하지 않도록 선원들에게 가혹한 규율을 적용하며 때에 따라서는 협박의 방법까지 동원하게 됨을 "최고 지배자이며 독재자"(109)로서 그의 독재자적인 특성을 보여주는 것으로 비난한다.

 소설의 거리에 입각해서 보면 아합 선장의 긍정적인 면이 부각된다. 우선 선주 펠레그의 시야에 아합 선장의 면모가 긍정적으로 파악되고 있음에서 그 단서를 잡을 수 있다. 작가가 직설적으로 이야기를 진행하기보다 등장인물을 통한 간접적인 방법을 이용하는 객관화를 이룩한 작품에서는 작가의 의식도 방관자와 같은 역할을 하거나 아니면 어느 한 행동이나 사건에 참여하는 인물이 된다(Booth 18)고 한다. 『모비딕』에서는 펠레그 선장이 저자의 의식을 객관화하는 시점을 취한다. 펠레그는 이스마엘에게 아합 선장에 대한 긍정적인 평가를 들려줄 뿐 아니라 포경선원으로서의 자질이 부족하다며 이스마엘을 비난하기도 한다. 그는 지난 항해 이후 아합이 침울해진 것은 다리를 잃은 고통 때문이며 그 같은 선장과의 항해가 가치 있는 일이라고 말한다.

   나는 아합 선장을 잘 알고 있네. 여러 해 전에 항해사로서 같이 배에

탔었네. 나는 그가 어떤 사람인지 잘 알고 있어, 선량한 사람이야. 빌대
드처럼 경건하지는 않으나 악담을 퍼붓는 선량한 사람이야…그리고 나
는 그가 결코 명랑한 적이 없었다는 것을 알고 있네. 귀향길에 잠시 약
간 미쳤다는 것을 알고 있네. 그러나 누구라도 짐작할 수 있듯이 그것은
바로 피가 흐르는 절단된 다리 부분에서 느끼는 격심한 고통 때문이었
어…그리고 또한 그 저주받은 고래한테 다리 하나를 잃은 지난 번 항해
이후 침울해진 것, 아주 침울해진 것을 나는 알고 있네…젊은이! 침울하
지만 능숙한 선장과 함께 항해하는 것이 웃는 모습의 서툰 선장과 항해
하는 것보다 훨씬 나은 거야. 내 말을 꼭 믿어주게!…아합 선장을 나쁘
게 말하지 말게. 그는 우연히 사악한 이름을 가졌기 때문이네. 게다가
그에게는 부인이 있어…예쁜 여자에게서 그 늙은이는 어린애를 갖게 됐
단 말이네…아합은 인간애를 지닌 사람이네! (77)

아합 선장의 모비딕 추격이 펠레그 등 선주들의 전폭적인 도움으로
이루어졌다는 사실을 통해서도 그에 대한 긍정적인 평가를 내릴 수 있
다. 이들은 피쿼드 호가 낸터키트를 벗어날 때까지 선원모집, 식량 비
축, 포경장구를 갖추는 일부터 선원들에게 기독교 정신으로 재무장시키
는 일을 비롯한 만반의 준비를 책임진다. 이처럼 그들이 피쿼드 호 출
항준비를 도와주고 있음은 물론 아합의 항해목적의 숭고함을 인정하였
기 때문이다. "가장 효율적으로 창을 던지기 위해서 이 세상의 작살잡
이는 괴로울 정도로 계속적으로 고생하다가 과로 속에서 이 일을 시작
하면 안 된다. 작살잡이는 빈둥거리다가 일어나 창을 던져야 한다"(246)
라는 구절에서 알 수 있듯이 고래잡이에 있어서 대부분의 실패란 고래
의 속도에서 비롯된 것이 아니라 작살잡이가 힘을 소진했기 때문에 일
어나는 것이다. 따라서 모비딕 추격 작업을 성공적으로 이끌기 위해서
선주들이 이런 일을 자청하고 있는 것이다. 물론 여기서 작살잡이란 포
경업의 선조인 옛 네덜란드의 관례에서 볼 수 있듯이 선장을 의미한다.
그 당시 포경선에서 선장의 권한은 항해와 배의 전반적인 운영에만 제

한되어 있었고 고래사냥과 관련된 모든 일은 우두머리 작살군이 맡고 있었으므로 이 양자가 선상에서 차지하는 위치는 동일하다고 볼 수 있다. 따라서 아합이 마지막 모비딕과의 대결이라는 중요한 순간에 전념해 나갈 수 있도록 펠레그 등은 위와 같은 일을 맡고 있는 것이다.

아합 선장이 저자가 내세우는 이상적인 인물임은 다음과 같은 점으로 입증해 볼 수 있다. 첫 번째로 모비딕에 대한 관점을 통해서 아합 선장이 사회에 대한 통찰력을 지니고 있었음을 알 수 있다. 두 번째로 그는 현실 문제를 해결하기 위해서는 혼자만의 시도로는 미흡함을 인식할 만큼 실천적인 지성인으로서 피쿼드 호라는 공동체 사회를 이룩하여 그 지도자 역할을 하였다. 셋째로 그는 사회문제를 해결하기 위해서는 불가피하게 폭력적인 방법과 술책이 필요함을 깨달을 만큼 현실적인 인물이다. 넷째로 아합 선장의 모비딕 추격 작업 이면에는 공평하게 진리를 추구해 나가는 방법이며 문명사회를 뒷받침 해주는 과학의 힘이 밑받침되고 있었다는 점을 지적하고자 한다. 아합 일행은 "과학, 지식, 기술, 문명세계의 테크놀로지"(James 30)를 대변하는데 멜빌은 인류역사를 긍정적으로 이끌어 가는 것으로 보아 문명사회의 가치를 수긍한다. 마지막으로 철인이나 영웅이 아닌, 평범한 인간으로서 가지기 마련인 갈망 등을 어떻게 극복해 나가는가를 살펴봄으로써 시종일관 모비딕 추격 작업에 전념해 나간 아합 선장의 변함없는 소명의식을 부각시키고자 한다.

우선 소설의 두 중심인물이 추적해 나갔던 모비딕의 의미를 살펴보도록 하자. 그동안 평자들은 모비딕을 형이상학적인 선과 악의 개념, 혹은 모호한 상징으로 평가해온 바 있다. 가령 로렌스(D. H. Lawrence)는 고래를 선한 존재로 보았고 스톤(Geoffrey Stone), 에디그너(Edward F. Edigner)는 신과 같은 존재로 톰슨, 멈포드(Lewis mumford) 등은 악한 존재로 평했다. 선, 악 양면을 지닌 자연을 상징한다고 생각하는 학자들로는 아빈(Newton Arvin), 불리(Marius Bewley), 케이즌(Alfred Kazin), 스턴(Milton R. Stern) 등이 있다. 본 글에서는 19세기 미국사회의 실상을 제시하는 상징물로 파악한다. 우선 작품에서 모비딕이 리바이어던과 혼용해서 쓰이고 있음에서 이러한 해석을 뒷받침할 수 있다. 여기서 리바이어던은 사회체제를 상징한다. 또한 모비딕과 피라미드 모형의 상호 밀접한 연관성이 『모비딕』 전반에 걸쳐 반복적으로 제시된다는 점을 들 수 있다. 멜빌은 중동 아시아 지방을 여행하다가 깊은 인상을 받게 된 옛 이집트 왕족의 무덤인 피라미드 모형이 당대 미국사회의 면모를 보여주는 적절한 상징임을 발견하게 되어 『모비딕』에서 이를 함축적으로 이용한다. 특히 모비딕의 골격을 공리주의자 벤담의 그것과 비교하는 점에서 이런 주장을 더욱 뒷받침 할 수 있다. 멜빌은 개인의 자유가 침범 당하는 사회는 바로 밴담이 보여주는, 현실과 연결고리를 맺지 않는 유토피아적인 이상에서 기인한 것임을 파악한다. 푸코가 이데올로기라는 보이지 않는 권력이 사회구성원의 의식내부에까지 전면적으로 침투되어 있는 현대사회를 벤담이 설계한 이상사회 모형이었던 판옵틱 사회라고 설명하고 있듯이 멜빌도 이러한 상황에 처해 있던 미국사회를 피라미드 사회라고 보았던 것이다.

아합은 등장인물들 중에서 지적으로나 정신적인 면에서 가장 성숙한 지성인으로서 뒷갑판 연설을 통해서 종교, 철학적인 용어를 구사하며 자신의 모비딕에 대한 관점을 피력한다.(Thompson 185, Bernstein 108) 『모비딕』에는 흰 고래로 상징되는 모순적인 현실에 대한 두 가지 해석이 제시된다. 이를 감옥이라고 보는 아합의 입장과 신의 속성을 구현하고 있다고 보는 이스마엘의 관점이 그것이다. 아합은 모비딕을 개인을 감금하는 벽으로 보아 이를 뚫고 나가는 길이 유일한 진리탐색의 방법이라고 판단한다. 반면에 이스마엘은 외적으로 보면 고래는 인간에게 폭력을 가하는 위협적인 존재인 것 같으나 그 내부를 들여다보면 이는 바로 신의 속성을 구현하고 있음이 드러난다고 주장한다. 이를테면 고래의 입 부분은 겉으로 보면 "무시무시한 내리닫이 창살문"(281)같은 턱 모양을 하고 있으나 그 내부는 부드러운 터키 융단이 깔려있는 듯 하다고 묘사한다. 그는 고래 내면이 연약하고 섬세하며 고귀한 특성을 지니고 있음을 반복해서 강조한다. 이는 특히 "하이델베르그의 큰 술통"장에서 두드러지게 나타난다. 타쉬테고(Tashetego)가 빠진 하이델베르그의 술통이라는 고래 머리의 외면은 두꺼운 벽과 같으나 그 내부는 진주 빛 비단과도 같은 아름다운 얇은 막에 비교된다. 따라서 고래머리 속에 빠져 죽는 것을 "비밀스런 내실, 성스러운 신성한 장소"(290)에 파묻히는 것으로 보며 이를 오히려 축복받을 만한 일이라고 한다. 그는 아합 일행이 모비딕을 추격하게 된 이유도 고래가 지닌 신과 같은 고요한 속성에 매혹되어서 이끌려 간 것이라고 설명한다. 따라서 이스마엘의 입장은 모비딕의 진상을 밝히기보다는 그 신성함을 강조하는데 주된 목적이 있다. 이스마엘은 작품 전반에 걸쳐서 간접적으로 고래를 신격화하는 작업을 펼쳐오다가 첫날 추격 장면에 이르러서 "이 거대한 신은 그렇게 자신을 드러내 보이고는 물밑으로 사라져 버렸다"(448)라며 고래가 "신"과 같은 존재라고 분명히 밝힌다.

  아합 선장의 모비딕에 대한 견해를 고찰해 볼 수 있는 구체적인 장면은 스타벅과의 논쟁부분이다. 아합은 선원들을 뒷갑판에 모아놓고 자신의 항해목적이 모비딕 추적에 있음을 밝힌다. 이에 일등 항해사 스타벅이 모비딕 추적은 다리 하나를 잃은 선장 개인의 복수심 때문이라며, 또 말 못하는 짐승에게 분노를 토로하는 것은 신을 모독하는 행위라며 반대하자 그를 설득하고자 아합은 모비딕에 대한 자신의 견해를 밝히게 된다.

눈에 보이는 모든 사물들, 인간이란 두꺼운 판지로 만든 가면에 지나지 않아. 그러나 각 사건들에는 알려져 있지는 않으나 이성적인 존재가 분별없는 가면 뒤에서 그 특징을 담고 있는 얼굴을 내밀지. 만일 사람이 공격한다면 그 가면을 꿰뚫고 타격을 가해야 해! 죄수가 벽을 허물지 않고서 어떻게 밖으로 나갈 수 있나? 나에게는 그 흰 고래가 벽이야. 바로 가까운 곳에서 나를 난폭하게 떠밀고 있지…그는 나를 혹사시키고 있지. 그는 산더미처럼 나를 짓누르고 있네. 그에게서 악의에 찬 힘을 파악하게 되는데 이를 부추기는 불가사의한 악의를 지니고 있지. 내가 제일 증오하는 것은 바로 그 불가사의한 악의야. 그 흰 고래가 그 사악함의 대행자이든 혹은 그 자체이든 나는 그 자에게 증오심을 퍼부을 것이네. 신을 모독한다는 얘기를 내게 하지 말아 줘. 모욕을 당하면 나는 태양이라도 때려 부수겠어…누가 나를 지배하는가? 진리에는 한계가 없어. (144)

이 뒷갑판 연설에서 아합은 현실에 의해 부당하게 희생당한 사람으로서 이를 해결하고자 일어서는 것은 공명정대한 일이고 오히려 인간으로서 지녀야 하는 당연한 권리이며 의무라고 주장한다.(Bernstein 113) 또한 그는 이러한 문제는 단순히 개인의 차원에서 해결될 수 있는 문제가 아니라고 본다. 아합 선장은 개인을 구속, 감금하고 있는 모비딕이라는 벽을 함께 허물어나가는 것만이 모순적인 현실을 해결하기 위한 유일한 방법이라고 주장한다. 따라서 아합의 모비딕 추적 작업은 사적인 복수를 하기 위한 것이라기보다는 인간의 존엄성을 주장하는 행위(Bernstein 113)라고 볼 수 있다. 결국 선장은 스타벅을 설득하게 된다. "머스킷 총"(The Musket) 장에서 볼 수 있듯이 아합을 죽일 결심을 하기도 했던 스타벅은 "나는 여기 홀로 큰 바다 위에 외롭게 서 있고 나와 법률 사이에는 두 개의 대양과 하나의 대륙이 가로놓여져 있다"(422)라며 아합의 길을 막는 것은 오히려 법에 어긋난 행위임을 인식하게 된다.

아합 선장이 모비딕을 쫓기 위해 피쿼드 호로 출항한 결정적인 계기가 된 개인적, 사회적인 요인은 그의 고래턱 뼈로 만든 상아빛 의족과 몸의 상처자국으로 제시된다. 벼락을 맞아 생긴 것처럼 보이는 흉터가 아합 선장의 목과 얼굴뿐 아니라 온 몸을 가로 지른다. 이전 포경항해에서 고래의 공격을 받아 한쪽 다리를 잃었던 것처럼 그의 얼굴에도 상처가 난 것이다. 이 상처자국의 의미가 아합이 고래에게 다리를 잘린 사건과 긴밀한 연관성이 있음은 "촛불"(The Candles)장에서 분명히 드러난다. 이 장면에서 아합은 번갯불이 자신의 두개골을 뚫고 나갔으며 이때 얻어맞은 두개골이 자신의 몸에서 떨어져 나가 땅 위에 뒹굴고 있는 것처럼 느껴진다며 그 아픔을 토로한다. 단편 「피뢰침 사나이」에서 폭풍우와 번갯불의 특성이 날카로운 칼 모양으로 묘사되고 있음에서 볼 수 있듯이 멜빌 작품에서 이들 상징은 개인에게 위협적인 현실을 대변한다. 따라서 "촛불"장에서 아합의 "오! 그대 맑은 정령의 불꽃이여…나는 그대에게 불태워져 지금까지 그 상처가 남아있다"(416)라는 부르짖음을 통해 이는 상처자국이 새겨지는, 즉 선장이 희생당하는 정황임을 알 수 있다. 상처자국은 기존규범으로 끌어들이기 위해 개인에게 강제적으로 새겨진 일종의 문신으로 볼 수 있다. 또한 이스마엘은 아합의 이전 항해 이야기를, 다시 말해서 모비딕으로부터 다리를 빼앗긴 사건을 생략한 채 이야기를 진행하나 이는 아합의 피쿼드 호 항해 목적을 밝혀보는데 중요한 단서가 된다. 펠레그 선장은 자신이 참여한 바 있던 그 항해당시의 정황을 알 수 있는 단서를 제공해 준다. 그는 "고래에게 빼앗겼지…보트를 산산조각이 되도록 부순 그 무시무시한 향유고래가 게걸스럽게 먹고 잘게 씹어 으깨고 우둑우둑 깨물어 버렸어"(69)라며 여러 의성어를 동원하여 보트를 파괴한 향유고래가 선장의 다리를 삼킨 상황을 생생하게 묘사한다. "모비딕"장에서도 고래가 보트를 파괴하고 그를 물속에 빠뜨리자 이에 격노하게 된 아합이 단검을 쥐고 부서진 뱃머리에서 이 칼로 고래를 찌르게 된다고 한다. 그러자 갑자기 낫 모양의 아래턱을 들어 올리며 고래는 악의를 품고 선장의 다리를 잘라버렸다고 한다. 즉 이전 항해에서 고래에게 다리를 절단 당함으로써 달게 된 의족이나 흉터자국은 현실에 의해 상처를 입은 개인으로서 아합의 고뇌를 보여준다. 따라서 비평가 로긴(Rogin)이 아합의 모비딕 추적을 기존 이데올로기의 통제에서 벗어나려는 개인을 용납하지 않는 자본주의에 대한 그의 분노를 표명해준다(102-57)고 평한 바 있듯이 그의 고래잡이 항해는 진리를 추구하는 형이상학적인 차원의 여정일 뿐 아니라 명확한 현실적인 목적을 지닌 것이다.

아합의 흉터는 번개가 나뭇가지 하나도 건드리지 않고 스쳐 지나가고 난 뒤에 생겨난 수직의 자국과도 닮았다며 화형에 처하여진다 해도 그의 강인한 의지를 손상시키지 않을 것 같다고 한다. 여기서 드러나는 아합의 특성은 사회가 가하는 온갖 구속에도 굴복하지 않는 단호한 모습이다. 반면에 화자 이스마엘은 흉터의 의미를 명확하게 밝히지 않은 채 상반되는 해석을 제시한다. 나이든 인디언은 선장의 이 상처는 바다에서의 투쟁적인 삶을 살다가 얻은 결과라고, 즉 마흔 살이 될 무렵 바다 위에 마주치게 된 폭풍우 때문에 갖게 된 흉터라고 설명한다. 이를 미신 같은 말로 이스마엘은 평가한다. 반면에 맨 섬사람은 아합의 머리 위에서부터 발뒤꿈치까지 '날 때부터 있었던 반점'을 훗날 아합의 시신을 거두는 사람이 보게 될 것이라고 말한다. 즉 이 상처는 아합이 타고날 때부터 지니고 있었다는 것이다. 대장장이 퍼쓰도 아합의 상처를 매끈하게 할 수 없는 이유는 그 상처가 아합의 해골 속까지 깊이 파고 들어가 있기 때문이라고 말한다. 이스마엘에 의하면 이 의견에 대해 주변사람들은 한 사람도 반대하지 않았다고 한다. 다시 말해서 이스마엘은 '타고날 때부터 지녔던 반점'이라는 후자의 입장을 취하여 그의 항해기 전반에 걸쳐서 이를 간접적으로 강조해 나감으로써 포경항해를 떠나게 된 아합의 절박한 동기를 은닉하고자 한다.

이에서 더 나아가서 이스마엘은 흉터, 즉 문신자국이 의미하는 바 사회모순에 의해 인간이 희생당하는 상황에서 목도할 수 있는 사회구조적인 문제들을 인간이 벗어날 수 없는 실존적이고도 추상적인 악의 개념으로 왜곡한다. 다시 말해서 이스마엘은 이마의 상처는 아합 스스로가 자초한 것으로 그의 모비딕 추격 작업은 바로 자신 내면에 존재할 수밖에 없는 악을 제거하려는 오만에서 비롯된 것이므로 아합은 자멸할 수밖에 없다고 본다. 앞서서 선원들에게 피쿼드 호의 항해목적을 밝히기 직전 장면묘사에서도 이스마엘은 아합의 이마 상처는 결국 그 자신 탓이라는 의견을 제시한 바 있다. 그가 한 가지 생각에 광적으로 전념해 온 결과 생긴 것으로 이는 바로 갑판 위에 새겨진 그의 발자국에 의한 것이라는 것이다.

> 이 갑판은 지질학 상의 암석처럼 그의 특유한 발자국으로 온통 움푹 들어갔다. 움푹 들어간 이마를 꼼짝 않고 응시해 보면 여러분은 거기에도 이상한 발자국, 즉 그가 밤잠을 설치며 끊임없이 생각함으로써 생겨난 발자국을 볼 것이다. (140)

해도작성 작업에서도 아합이 해도 위에 항로를 표시하는 일에 몰두해 있는 동안 눈에 보이지 않는 손에 의해 그의 이마 위에도 마찬가지의 선들이 그어진다고 묘사한다.

작품 속에서 이런 흉터를 지니고 있는 이들이나 모비딕으로부터 상해를 입은 이가 아합 선장 이외에도 여럿 있다는 사실에서 이는 사회의 보편적인 현상이었음을 알 수 있다. 얼굴이 천연두 자국투성이인 엘리야, 온 몸이 상처투성이인 퍼쓰, 문신자국으로 온 몸이 뒤덮여 있는 퀴퀙과 모비딕에게 왼팔을 빼앗긴 부머 선장 등이 그 예이다. 아울러 서 팔에 직접 문신을 새기는 이스마엘의 경우를 들 수 있다. 그는 아서사이데즈 섬, 고래뼈로 만들어진 신전에서 뼈 치수를 오른쪽 팔에 새긴다. 또한 시를 쓰기 위해 몸의 일부는 문신을 새기지 않고 그대로 남겨 두었다고 말한다. 이러한 경험을 하고도 동요되지 않는 사람들과 달리 아합은 사회가 가하는 온갖 구속에도 이를 시정하고자 한다. 모비딕에게 다리를 빼앗긴 아합의 이전 경험은 바로 사회모순에 의해 자신과 같은 대중이 겪는 아픔에 대하여 절박한 인식을 할 수 있는 계기가 되었던 것이다. 아합은 그 후 문제를 해결하기 위하여, 즉 이전 항해에서 모비딕으로부터 얻게 된 상처를 회복하고자 안간힘을 쓰게 된다. 따라서 아합 선장은 이런 절망적인 상황을 당하고도 변모되지 않는 퍼쓰에 대해서 비난한다.

> 자네의 너무 가라앉아 있는 기죽은 목소리가 나를 비통하게 하는군. 나 자신도 낙원에 있진 않아! 비참하게 됐으면서도 미치지 않을 수 있는 사람들을 나는 견딜 수가 없어. 이봐 대장장이! 자네는 미치는 게 당연할 듯 한데 왜 미치지 않는 건가? 미치지 않고 어떻게 견뎌 나갈 수 있었나? 자네가 미치지 않았다는 것은 하늘이 아직 자네를 미워하고 있기 때문이 아닌가?" (403)

모비딕에 대한 아합의 관점의 설득력은 그의 입장에 동조하는 작살잡이들을 통해서도 볼 수 있다. 이를테면 타쉬테고는 모비딕이라는 이름을 아합보다 먼저 말하고 있으며 다른 작살 잡이들도 이에 덧붙여서 모비딕이 지니고 있는 신체상의 구체적인 특성들을 설명해 준다. 퀴퀙은 모비딕의 몸에 작살이 많이 박혀 있다고 말함으로써 아합 이전에도 모비딕을 공격했던 일련의 시도들이 있었음을 밝힌다. 이들의 긴밀한 협조로 아합은 그들이 본 것이 바로 모비딕이며 이는 죽음, 악마와 같은 존재임을 명료하게 밝힐 수 있게 되는 것이다.

둘째로 들 수 있는 아합 선장의 긍정적인 면모는 피쿼드 호 선상에서 스타벅을 포함한 모든 선원들을 규합하여 모비딕 추적이라는 공동 목표를 지닌 공동체 사회를 이룩함에서 드러난다. 아합 선장은 진리 탐구를 갈망하되 혼자만의 고립된 세계 속에서 예술창작을 통해 모색하는 이스마엘과는 달리 현실문제 해결을 위해서는 이에 직접 뛰어들어 대중들과 함께 결속해야 할 필요를 깨닫고 공동체 사회를 형성하는 중심역할을 하게 된다. 아합은 낸터키트 항을 출발한 후 갑판에서 피쿼드 호 사회가 지향할 바를, 즉 모비딕을 추격해 나가고자 하는 구체적인 행로를 정하고 구성원 들 간의 긴밀한 결속을 다지게 된다. 선장과 선원들 사이에 일체감이 형성되는 장면을 보면 우선 선장은 간명한 언어로 선원들의 포경항해 임무와 관련된 일련의 짤막한 질문들만을 던진다.

"자네들, 고래를 보면 어떻게 하지?"
"큰소리로 나타났다고 외칩니다." 라고 스무 명 정도의 단합된 목소리들이 즉시 대답했다…
"그리고 그 다음엔 어떻게 하는가?"
"보트를 내리고 뒤쫓습니다!"
"자네들, 어떤 자세를 가져야 하나?"
"고래가 죽느냐 보트가 산산조각이 나느냐!" (141)

그들이 처한 상황과 그 해결책에 대한 깨달음을 가져올 만한 질문들을 던짐으로써 고래추격에 대한 선원들의 자발적인 참여를 유도하게 된다. 다른 선원들과 달리 일등 항해사 스타벅은 쉽게 동의하지 않으나 아합은 끝까지 모비딕을 추적할 자신의 결심을 밝히며 이는 단지 개인적인 복수심에 의한 것이라기보다는 모비딕을 죽이는 일이야말로 그들이 승선한 진정한 목적임을 가르쳐 준다. 피쿼드 호에 승선한 선원들은 그 구체적인 방향성을 잡지 못했을 뿐 나름대로의 현실참여에의 열망을 지닌, 즉 모비딕 추적에 동의할 만한 내재적인 동기를 이미 보유하고 있는 이들이다. 이들은 개별적인 인물이라기보다는 자신의 국가를 대변하며 확고한 사회적인 목적을 갖고 전 세계에서 모여든 사람들이다. 가령 왕족 출신인 퀴퀙의 경우 자신의 국가를 이상적인 사회로 만들기 위한 옳은 통치방법을 터득하고자 새그(Sag) 항으로 향하는 포경선에 오르게 된다. 다른 선원들도 스스로의 결단으로 항해를 결정하였음은 승선의사를 각자의 서명으로 밝히는 행위에서 드러난다. 따라서 아합의 강요와 협박에 의한 것이라기보다는 어느 정도의 사회개혁의지를 지니고 있던 이들은 아합의 모비딕 추적이 바로 자신들이 처한 상황을 치유할 수 있는 근본방책이 됨을 깨달았기 때문에 큰 공감을 갖고 이에 참여하게 된다. 이스마엘은 이들이 고독한 개별자들로 이루어진 집단의 특성에서 벗어나 아합을 중심으로 공동체 사회를 이룩할 수 있었던 그 진정한 이유를 애써 드러내지 않는다. 그러나 "나, 이스마엘도 그 선원들의 일원이었다. 다른 이들과 함께 내 외침소리도 크게 높아졌다"(155)라고 밝히고 있듯이 항해 당시 이스마엘은 아합의 모비딕 추적에 적극적으로 호응하였다. 그를 위시한 모든 선원들은 모비딕 추격 작업이라는 공동목표를 중심으로 하여 서로 뭉치게 되었음을 술을 마시며 자축하게 된다.

피쿼드 호라는 공동체 사회의 특성을 보다 구체적으로 살펴보자. 종래의 대부분 비평들은 피쿼드 호는 바로 현대 전체주의 국가와 유사하며 모비딕 추격여정도 악한 정치지도자가 또 다른 바벨탑을 세우려는 작업에 불과하다고 평한 바 있다. 반면에 긍정적인 관점들로 "선장이

지도자로 있는 이 사회는 신에 대한 그들의 개념과 인간을 위한 옳은 행동에 대한 신의 인식에 토대를 둔 체제로 이뤄졌으며 도덕적인 정의를 추구 한다"(Brayshaw 145), "전통적인 주인과 노예관계라는 수직적인 구조에서 벗어난 사회"(Rogin 138)라는 평가들을 들 수 있다. 피쿼드 호는 기계적인 평등을 추구하기보다는 개인의 능력에 맞는 역할을 부여하고 그에 따른 보상을 해주는, 민주주의 정신을 구현하고 있는 사회이다. 가령 포경항해에 대한 실제적인 기여도에 따라 선원들에게 차등하여 급료를 배당한다. 또한 그들은 지위 여하를 막론하고 모비딕을 추적하기 위한 공동체적인 운명에 처해 있으므로 모두가 서로를 위해서 용감하게 고난을 자청한다. 이러한 특성은 모비딕 추적이라는 절박한 상황 속에서 개인의 기술과 협동 작업이 절묘하게 균형을 이루어 나가는 선원들의 작업과정에서 확연히 드러난다. 예를 들어 작살을 던질 때 최고의 속도를 발휘하기 위해서 그들이 벌이는 협동작업들은 진정한 화음을 이루어 내는 모습으로 그려진다. 또한 아합을 중심으로 하여 모비딕 추격 작업이라는 공통 목표를 향하여 각 개인들이 긴밀하게 결합되어 있는 특성을 보여준다. 항해 후반에 이를수록 그들 사이의 일체감은 더욱 긴밀해져서 서른 명의 선원이 아니라 아합이라는 한 사람에 불과한 것처럼 보일 정도로 선장을 중심으로 뭉치게 된다. 따라서 피쿼드 호는 아합 개인의 독재적인 술책에 의해 인위적으로 이룩된 결합체라기보다는 개별성과 공동적인 목표를 함께 지니고 있는 사회라고 볼 수 있다.

 작가의 직접적인 논평이 생략되어 있는 『모비딕』에서 이스마엘의 관점에서 벗어나 피쿼드 호의 진정한 면모를 파악해 볼 수 있는 단서가 되는 것은 인디언과 불란서 모티프이다.

피쿼드란 이름은 여러분이 의심할 여지없이 기억할 것이겠지만, 그것
은 고대의 메디아처럼 지금은 존재하지 않는 매사추세츠 주의 유명한
인디언 부족 이름이었다…여러분들은 낡은 피쿼드 호 만큼 희귀한 배를
결코 본적이 없다…그것은 사대양의 태풍과 적막함 속에서 오랫동안 단
련됐고 비바람에 얼룩진 선체는 이집트와 시베리아에서 전투에 참여한
프랑스 척탄병의 피부색처럼 거무스름해졌다…베켓이 피를 흘렸던 캔터
베리 대성당의 순례자들이 예배했던 판석처럼 배의 오래된 갑판은 닳아
버렸고 주름투성이었다. (67)

피쿼드 호는 17세기 퓨리턴들에 의해 희생당했던 인디언들인 '피큇'
부족의 이름으로 명명된 것이다. 멜빌 작품에 그려지는 인디언 들은 늘
희생당하는 입장에 머물지 않고 그 모순을 시정하기 위해 나서는 이들
을 의미한다. 이는 소설 초반에서 낸터키트라는 포경항해의 원천지가
독수리에게 아기를 빼앗긴 인디언 부부에 의해 개척되었다는 묘사에서
도 드러난다. 또한 피쿼드 호에 투자한 낸터키트 사람들 중 유독 미망
인들, 고아 등 이른바 사회의 주변인들이 많다는 사실도 이 배의 항해
가 바로 이 같은 상처받은 이들의 상황을 치유하기 위해 출항했음을
보여주는 것이다. "고래잡이의 명예와 전통"장에서 제시되고 있듯이 포
경선원들이 그들 본연의 임무에 충실할 때는 경제적인 이윤추구가 아
니라 불의에 대항하기 위해 무기를 들었다고 한다. 가령 그들은 세계
역사상 각 국가들이 자유를 쟁취하는데 크게 이바지했다. 이를테면 스
페인 왕실의 식민지 정책을 최초로 무너뜨렸고 페루, 칠레 등의 국가에
민주제도가 확립될 수 있도록 기여했다고 한다. 즉 문제성 있는 현실을
극복하는 방도가 되었던 것이다.

아울러서 배의 선체가 나폴레옹의 정예부대였던 프랑스 척탄병의 모
습과 비교됨에서 멜빌 작품에서 불란서 모티프들이 의미하는 바, 사회
개혁가로서의 특성을 또한 피쿼드 호가 지니고 있음을 알 수 있다. 더

나아가서 프랑스 혁명 당시 세계도처의 폭군들에 대항하기 위해 전 인류를 연합해 하나의 거대한 민주적 공동체를 이룩하고자 하였던 "아나차시스 클루츠"(Anacharsis Cloots)의 대표단(James 19)에 피쿼드 호 일행이 비교된다.

> 피쿼드 호 선원들은 거의 모두 섬 사람 들, 다시 말해서 고립되어 있는 사람들이다. 인류 공통의 대륙을 인정하지 않고 자신만의 개별적인 대륙에서 살고 있기 때문에 나는 그렇게 부른다. 그러나 이제 이 배 안에서 이들은 배의 용골을 중심으로 서로 결합되어 대단한 무리를 이루고 있다! 아나차시스 클루츠의 대표자들이 대양 위의 모든 섬들, 지구의 구석구석에서 모여들어 피쿼드 호의 아합과 동행해서 많은 사람들이 그 이후 결코 다시 돌아올 수 없었던 그 장애물 앞에서 이 세상에 대한 불만을 털어놓는다. (108)

다시 말해서 1790년, 프랑스 혁명을 지지한다는 사실을 밝히기 위해 프랑스 국회에 나섰던 전 세계의 대변자들에 비교함으로써 피쿼드 호의 모비딕 추적 작업도 바로 프랑스 혁명 이념에 공감한 이들의 여정이었음을 함축된 작가는 보여준다. 그 지도자였던 아나차시스 클루츠는 프러시아 귀족으로 자국의 이익만을 꾀하는 협소한 시각에서 벗어나 진정한 인류애의 실현에 전념했던 사람으로 '전 인류를 위한 공화국'의 옹호자라는 평가를 받기도 한다.(James 19, Stern 4)

세 번째로 들 수 있는 아합 선장의 특징은 사회문제를 해결하기 위해서는 불가피하게 폭력적인 방법에 의존해야함을 인식할 정도로 책략적이기도 하다는 점이다. 전투적이고 복수심에 불타는 퀘이커 교도로 묘사되는 그는 문제를 해결하기 위해서는 폭력적인 방법과 술책이 필요함을 깨달을 만큼 현실적인 인물이다. 『빌리버드』 서문에서 저자는 "그 당시 영국 사람들은 대반란 사건을 물론 극악무도한 짓으로 여겼으나 이는 영국 해군 역사상 의심할 여지없이 가장 중요한 개혁들을 최초로 유발 시켰다"라며 폭력적인 해결방법은 일시적인 혼란과 그로 인한 파괴라는 부정적인 여파를 이끌어오긴 하지만 궁극적으로는 인류 역사 발전에 긍정적인 영향을 미친다고 평가하고 있다. 마찬가지로 『모비딕』에서도 멜빌은 폭력을 사용하는 아합의 입장에 전적으로 동의하지는 않으나 문제해결을 위해서는 불가피하다는 입장을 취한다. 모비딕을 추적하기 위해서 포경용 무기 같은 폭력적인 방법에 의존할 것임을 다짐하거나 선원들로 하여금 끝까지 일탈하지 않고 추격 작업에 전념해나가도록 협박을 가하기도 하는 아합 선장의 모습들에서 책략적인 그의 자질들을 볼 수 있다. 가령 선창을 고치기 위해 고래추격을 잠시 멈추자는 스타벅에게 총을 들이대었던 것처럼 그는 "촛불"장에서도 두려움에 압도되어 반란의 움직임을 보이려는 선원들에게 잠시라도 움직이면 불에 담금질한 작살로 찌르겠다는 위협을 하기도 한다. 이런 폭력적인 방법은 철저하게 자신의 목표를 실현해 나가는 과정에 있어서 아합 선장이 불가피하게 의존해야 했던 방법이었다.

네 번째로 현실의 모순을 시정하고자 이에 전념해 나갔던 아합 선장의 이면에는 공평무사하게 진리를 추구하고자 하는 치열한 지성의 힘이 밑받침되고 있었다는 점을 들 수 있다. 흔히 아합 선장은 과학을 거부하는 이로 평가되어 왔으나 이는 그가 폭풍에 의해 훼손된 사분의를 내팽개치며 과학을 저주한다고 외치는 장면을 문자 그대로 해석해 왔기 때문이다. 아합의 입장은 훼손된 사분의가 과학의 원래정신에서 어긋나게 되었기 때문에 부수겠다는 것이다. 과학적인 지식을 바탕으로 모비딕의 궤적을 쫓아 해도를 작성해 나가는 작업에서 아합은 과학도로서의 모습을 보여준다. 선장이 해도를 작성하는 작업에 대한 묘사 부분에서는 특히 "항해, 해류, 위도, 어류의 이동, 수로" 등의 과학적인 용어들로 가득 채워져 있다.(Cowan 93) 그는 거의 매일 밤을 지새우면서 통계자료와 고래 행적에 대한 보고서 등을 통해서 모든 종류의 해류의 흐름이나 고래의 먹이 터 등을 계산해낸다. 따라서 아합은 합리적인 지식에 입각해서 모비딕의 위치를 저울질해 내고 그 공격에 나서고 있는 것이다. 그는 폭풍에 의해 휘어진 사분의 대신에 현재의 위상을 명료하게 보여줄 측정선과 측정의라는 과학적인 방법에 의존할 결심을 분명히 밝힌다.(Cowan 165) 이에서 더 나아가 나침반의 새로운 바늘을 자신이 직접 제작해내는 과학도로서의 면모를 보여주기도 한다.

마지막으로 그는 평범한 인간으로서 가지기 마련인 갈망들을 힘들여 극복해나가면서 시종일관 모비딕 추격에 전념해 나간다는 점을 들 수 있다. 종래의 대다수 비평가들은 변함없이 자신의 목적에 전념하는 아합에 대하여 부정적으로 평해왔다. 반면에 브래쇼는 모비딕 추격을 실현하기 위한 과정에서 숱한 유혹들을 극복해내는 선장의 특성을 "아합은 가장 완벽한 의미의 진리를 실현시키기 위해서 당국의 악행을 거부하는데 전념하게 된다. 그 결과 자신에게 육신의 쾌락과 안락함을 가져다주는 것을 무시할 뿐 아니라 자신의 확고부동한 목적이 경감될 위험을 없애고자 의도적으로 이를 멀리한다"(168)라고 긍정적으로 평가한다.

줄곧 모비딕을 추적하는 일에 전념하는 것은 아합 개인으로서는 어느 정도로 감당하기가 힘든 곤혹스러운 일인가 하는 점은 해도작성 작업에 몰두하는 장면에서 볼 수 있다. 아합은 그 과정을 견디기가 어려워 간혹 한 밤중에 선장실에서 뛰쳐나오곤 한다. 그는 잠을 자다 공포에 질려 깨어나게 된다.

> 그의 몸속의 영원한 생명의 원칙, 혹은 영혼이라 할 만한 것은 평소에는 그의 특징적인 사고방식을 구성하는 도구나 대리인으로 사용되고 있으나 잠자는 동안에는 그 사고방식에서 떠났다가 계속되는 광란에 닿아 태워지는 것을 피하려고 자연적으로 도피해 나오게 된다. (174-75)

아합의 자아는 여기서 그의 영혼과 마음으로 이분되어 있다고 묘사된다. 이 부분은 흔히 선장이 진정한 인간적인 소리를 억누르고 사는 부정적인 인간임을 입증해주는 장면으로 평가된다. 따라서 이때 뛰쳐나온 것은 광증에서 가까스로 벗어난 그의 평범한 인간성이라는 것이다.(James 92, Robinson 133-34) 그러나 이는 오히려 개인이 해내기엔 힘에 겨운, 무거운 책임을 지고 있는 고단한 상황에서 일시적으로나마 벗어나고자 하는 아합의 인간적인 갈망을 보여 준다. 따라서 그의 광증을 입증해 준다기보다는 험난한 고래 추적 작업에 전념하고 있는 아합 선장이 인간으로서 갖기 마련인 갈망들을 불굴의 의지로서 극복해 나가고 있음을 부각시켜 주는 장면으로서의 의미가 더 크다.

아합은 마음속에 "영원히 자신의 심장을 파먹는 독수리"(175)를 스스로 생성해 낸 것이라고 이스마엘은 말하나 아합의 모비딕 추격은 그의 병적인 자아에 의해 맹목적으로 이루어지는 것이 아니라 고뇌의 과정을 거쳐서 선택하게 된 길이다. 인간으로서 가지기 마련인 갈망들을 힘들여 극복해 나가면서 시종일관 모비딕을 뒤쫓는 일에 전념해나가는 아합의 면모는 금속메타포들을 통해서도 묘사된다. 가령 그는 목표달성에 전념해나가겠다며 자신의 목적에 이르는 길을 철길에 비유하고 자신의 영혼은 그 위를 똑바로 달린다고 말한다. 또한 나침반 바늘 끝에 집중하는 아합의 눈빛은 던져지는 창에 비유된다. 그의 몸은 단단한 구리로 만들어졌고 지독하게 단련된 강철심장, 강철영혼, 강철 눈썹 등을 가지고 있다고도 묘사된다. 고래를 쫓는 아합의 모습은 인간이라기보다는 오히려 기계와 같다고 한다. 따라서 그와 혼연일체가 되어 고래추적 여정에 전념해 나가는 선원들은 공장의 부속품들과도 같은 모습으로 그려진다.

다른 포경선들과의 아홉 번에 걸친 대면장면은 모비딕 추적작업을 포기할 것을 권유받는, 아합으로서는 극복하기 힘든 유혹의 순간들이다. 이들 포경선과의 대면의 절정은 레이첼(Rachel) 호와의 만남에서 이루어진다. 자신의 아들 구원에 협조해달라는 가디너(Gardiner)선장의 요구에 냉정하게 돌아서는 아합 선장을 흔히 그의 비인간적인 면모를 보여주는 대표적인 예로 평해왔다. 아들을 찾는 일을 도와달라는 그의 요구를 거절함으로써 아합은 결국 사회적인 의무를 거부하게 된 셈이라는 것이다. 그러나 막상 모비딕과의 대면직전에 감상적인 동정심으로 레이첼 호 선장의 혈육을 찾아주는 일에 매달리다 보면 그동안 많은 세월동안 각고의 준비를 거쳐 진행해온 모비딕을 포획하는 일이 순식간에 수포로 돌아가게 되는 것이다. 따라서 선장은 인간적인 배려를 지니고 있음에도 불구하고 대의를 위해서 돌아서게 된다고 보아야 한다. 그의 모비딕 추적작업도 결국은 레이첼 호 선장 아들의 실종사건과 같은 개인의 무모한 희생이 더 이상 발생되지 않도록 막아보자는 목표를 지니고 있다. 따라서 피쿼드 호의 모비딕 추격작업은 궁극적으로 보건대 결코 레이첼 호와 상반된 방향이 아닌, 오히려 이런 문제를 근원적인 견지에서 해결하려는 시도로써 평가해야 한다.

　마지막 순간까지 아합의 모비딕 추적여정을 가장 집요하게 반대하였던 이는 스타벅이다. 가령 "교향곡"(The Symphony)장에서 스타벅이 평온한 날씨와 평온한 삶, 그리고 운명과 죽음의 문제를 논하며 고향에서 그를 기다리고 있을 자식의 모습을 통렬하게 그려내자 아합은 귀향하고자 하는 갈등에 휩싸이게 되나 가까스로 이를 극복해낸다. 그는 추격 막바지에 이르러서 자신이 편안한 삶을 마다하고 어려운 길을 걸어왔던 지난 세월들에 대해 일시적으로 회의하게 된다.

　　　사십 년 동안 줄곧 고래를 잡았어! 사십 년 동안의 궁핍함, 위험, 그

> 리고 격동의 세월과의 투쟁이었지! 사십 년 동안 무자비한 바다에서 살았어!…사십 년 동안 그 심연 속의 무섭고 소름끼치는 존재를 대상으로 싸웠어! 그래, 그래, 스타벅, 그 사십 년 동안 육지에는 단 삼 년도 있지 않았어. 내가 살아온 이 삶을 생각해보면 그것은 황량한 고독이었어…사십년 동안 어리석고, 어리석게, 바보같이, 이 늙은 아합은 그렇게 살았어!…스타벅! 내게 다가서게, 내가 인간의 눈을 볼 수 있게…신을 응시하는 것보다 훨씬 나을 것이야. 초목이 우거진 육지, 밝은 벽난로가! 이건 마법의 거울이야. 자네의 눈에서 내 아내와 아이를 보네. (443)

아합은 지나온 세월을 회고하면서 이는 인간으로서는 감당하기가 힘든, 고독한 노예 신세에 버금가는 고욕이었다고 밝힌다. 물론 저자는 모비 딕을 추적하기 위해서 가장으로서의 책임감을 저버리고 있음에 대해, 또한 줄곧 한 가지 일에만 전념해 나가는 과정에서 편집적인 특성을 지니게 된 아합에 대해 부정적인 시선을 던진다. 그러나 이러한 한계점에도 불구하고 어려움을 무릅쓰고 나서는 아합의 고래잡이 여정의 필요성을 인정한다.

3.

이스마엘은 아합 일행이 위험을 무릅쓰고 추구해 나간 진리는 발견해 낼 수도 없는 것이며 또 그러한 시도를 하게 되면 불가피하게 큰 위험에 봉착하게 된다는 주장만을 반복한다. 반면에 저자에 의하면 아합은 결국 죽음에 이르게 되나 그의 모비딕 추격작업은 궁극적으로는 사회변동의 초석이 된다. 이는 작품 마지막 부분에서 함축적으로 드러난다. 배가 마지막에 침몰될 때까지 선원들은 자신들의 지도자인 아합이 부재함에도 불구하고 의연히 맡은 바 소임을 다 해낸다.

> 빨간 색의 팔과 뒤편으로 치켜 올려진 망치가 공중에 뜨더니 가라앉아가는 가름대에 더욱 빠르게, 빨리 그 깃발을 못질하려는 듯했다…그때 마침 이 새의 퍼덕거리던 커다란 날개가 망치와 나무사이에 끼이게 되었다…이리하여 천상의 새는 대천사와 같은 비명을 지르며 위엄 있는 부리를 높이 내뻗고 아합의 깃발에 감겨져 통째로 사로잡힌 그의 몸은 아합의 배와 더불어 가라앉고 말았다.(469)

특히 인디안 출신 작살잡이인 타쉬테고는 피쿼드 호의 깃발을 다시 망치질하라는 아합의 명령에 끝까지 충실하게 따르게 되는데 그 과정에서 작품 내내 고래와 동일한 존재로 그려진 바 있는 매를 사로잡게 된다. 결국 피쿼드 호의 "붉은 깃발"이 의미하는 바 이들의 변혁 의지가 기반이 되어 궁극적으로는 모비딕이라는 사회 모순점도 해결해낼 것이라는 저자의 메시지가 이 마지막 부분에 담겨 있음을 알 수 있다.

멜빌은 사회 문제해결에 있어서 예술가의 역할을 높이 평가했다. 그는 이상적인 예술가 유형을 고래잡이 항해에 직접 투신하는 아합의 모습으로 제시한다. 예술가가 원래 의도한 진리 탐구 작업을 실현하려면 고래항로를 계획하기 위한 해도작성에 전념해 나가고 있는 아합 선장의 모습에서 볼 수 있듯이 직접 현실에 대면해서 문제를 해결하려는 노력이 있어야만 한다. 저자는 삶의 현장 속에서 이러한 예술가들의 시도가 모아질 때 모순적인 사회문제도 해결이 가능하다고 보았다.

<참고문헌>

Arvin, Newton, *Herman Melville*. London: Methuen and Co., Ltd. 1950.
Bernstein, John. *Pacifism and Rebellion in the Writings of Herman Melville*. London: Mouton and Co, 1964.
Berthold, Michael Coulson. *"Who ain't a slave?", Melville and Captivity in America*. Ph. D. Dissertation (Unpublished). New York : Havard University, 1987.
Booth, Wayne C. *The Rhetoric of Fiction*. (2nd Ed.). Chicago: Chicago UP, 1983.
Brayshaw, Gary Stuart. *Ahab's Rebellion against Orthodoxy*. Ph. D. Dissertation(Unpublished). Indiana University. 1985.
Bryant, John & Milder, Robert. Eds. *Melville's Evermoving Dawn*. Kent: Kent State UP, 1997.
Colatrella, Carol. *Literature and Moral Reform: Melville and the Discipline of Reading*. Gainesville: Florida UP, 2002.
Cowan, Bainard. *Exiled Waters: Moby Dick and the Crisis of Allegory*. Baton Bouge and London: Louisiana State UP, 1982.
Dryden, Edgar A. *Melville's Thematics of Form: The Great Art of Telling the Truth*. Baltimore: Johns Hopkins UP, 1968.
Duban, James. *Melville's Major Fiction: Politics, Theology, and Imagination*. Dekalb: Northern Illinois UP, 1983.
_____. "Cripping with a Chisel: The Ideology of Melville's Narrators", *Texas Studies in Literature and Language 31*(1989): 341~85.
Franklin, H. Bruce. *The Victim as Criminal and Artist: Literature from the American Prison*. New York: Oxford UP, 1978.
Hayford, Harrison. *Melville's Prisoners*. Evanston: Northwestern UP, 2003.

James, C.L.R. *Mariners, Renegades and Castaways: The Story of Herman Melville and the World We live in.* Detroit:Bewick/Ed, 1978.

Martin, Robert. *Hero, Captain, and Stranger: Male Friendship, Social Critique, and Literary Form in the Sea Novels of Herman Melville.* Chapel Hill and London: North Carolina UP, 1986.

Matthiessen, F. O. *American Renaissance: Art and Expression in the Age of Emerson and Whitman.* New York: Oxford UP, 1941.

Meldrum, Barbara. "Structure in *Moby-Dick*; The Whale Killings and Ishmael's Quest", *ESQ 21* (1975): 162-68.

Melville, Herman. *Moby-Dick.* Eds. Harrison Hayford and Hershel Parker. New York: W. W. Norton, 1967.

_____. *Billy Budd, Sailor And Other Stories.* Ed. Harold Beaver. New York: Penguin Books, 1967.

Otter, Samuel. *Melville's Anatomies.* Berkeley and Los Angeles: California UP, 1999.

Pease, Donald E. "Melville and Cultural Persuasion", *Ideology and Classic American Literature.* Eds. Sacan Bercovitch and Myra Jehlen. Cambridge: Cambridge UP, 1986.

Rogin, Michael Paul. *Subversive Genealogy: The Politics and Art of Herman Melville.* Berkeley: California UP, 1979.

Samson, John. *White Lies: Melville's Narratives of Facts.* Ithaca, New York: Cornell UP, 1989.

Sanborn, Geoffrey. *The Sign of the Cannibal: Melville and the Making of a Postcolonial Reader.* Durham and London: Duke UP, 1998.

Sealts, Merton M. "Charles Olson to Sealts", *Pursuing Melville 1940-1980.* Maidson: Wisconsin UP, 1982.

Sedgwick, William Ellery. *Herman Melville.* New York: Russel and Russel, Inc., 1962.

Shulman, Robert. *Social Criticism & Nineteenth Century American Fiction.*

Columbia: Missouri UP, 1987.

Slochower, Harry. "Freudian Motifs in *Moby-Dick*", *Complex* III (1950): 24-26.

Spanos, William V. *The Errant Art of Moby-Dick: The Canon, the Cold War, and the Struggle for American Studies.* Durham and London: Duke UP, 1995.

Spark, Clare L. *Hunting Captain Ahab: Psychological Warfare and the Melville Revival.* Kent: The Kent State UP, 2001.

Thompson, Lawrance. *Quarrel with God.* Princeton: Princeton UP, 1952.

Wenke, John. *Melville's Muse: Literary Creation and the Forms of Philosophical Fiction.* Kent: The Kent State UP, 1995.

Zoellner, Robert. *The Salt-Sea Mastodon: A Reading of Moby-Dick.* Berkeley: California UP, 1973.

V. 월스트리트의 예술가들

1.

「바틀비」는 『모비딕』을 발표하고 난 뒤 삼 년 후인 1853년에 나온 잡지 연재소설이다. 작가의 체험을 토대로 자신의 환경과 갈등하는 19세기 미국 예술가의 초상화를 그려내며, 예술가로서 자기비판이 담겨있다. 작가의 고뇌는 "나는 상황에 이리저리 끌려 다닌다…내가 가장 쓰고자 하는 것은 금지되어있다…그러나 다른 식으로 쓸 수도 없다"(Davis & Gillman(Eds.) 128)라는 1851년 6월, 호손에게 보낸 편지에서 잘 드러난다.

멜빌은 19세기 미국사회의 지배 이데올로기를 "white lies"이라고 규정하며(Samson 20) 그 시대의 중심가치관에 대해 강력하게 반박한다. 따라서 로렌스가 "백인의식, 백인들 심리 모든 것을 파괴하는 것이 그의 운명이다. 그리고 그것을 비밀리에 해야만 한다"(50)라고 규정한 바 있는 미국작가의 의무를 멜빌은 철저히 실천하고 있는 셈이다.

비평가들은 「바틀비」 중심에 수수께끼가 자리한 채 우리의 질문에 대한 반복적인 답변은 침묵 뿐(Macall 20)이라며 작품 이해의 어려움을 토로한다. 멜빌소설은 화자와 함축된 작가의 시각이 꾸준히 교차되는 대화의 담론으로 이뤄지며 기존 의식구조에서 벗어나고자 애쓰는 작가들조차 현실을 옹호해나가는 딜레마를 특히 화자의 창작과정으로 제시한다. 다시 말해서 그는 식민지 팽창사업에 이데올로기가 이용되던 통제적인 19세기 미국사회의 실상을 예술가의 창작과정을 통해 제시한다. 따라서 서술자는 자신이 처한 역사적 상황을 초월할 수 없다고 신 역사주의 비평이 전제하듯이 멜빌작품도 개인의 의식저변 까지 스며든 사회 이데올로기에 대한 깊은 연구서(Shulman 26)라고 볼 수 있다.

「바틀비」를 잡지, 풋남 지(Putnam's)에 처음 발표할 때의 "월스트리트 이야기"라는 부제에서 이 작품은 물질중심적이며 감옥과 같은 월스트리트, 즉 19세기 중엽의 미국사회에 대한 이야기임을 알 수 있다. 작품 화자인 변호사의 역할과 그 의식의 갈등을 통해 사회비판이 이뤄짐으로써 「바틀비」는 카프카적인 심리소설의 선구적인 작품(Felheim 114)으로 평가받는다. 화자는 의식 있는 예술가로서 자신의 변호사 사무실에 고용했던 필경사, 바틀비의 죽음이후 그의 생애를 기리는 전기를 집필하게 되나 본래 취지와 어긋나는 방향으로 이끄는, 즉 사회 통설대로 그의 삶을 비판하게 되는 딜레마에 빠진다. 이러한 지식인 화자의 갈등을 통해 통제적인 사회실상과 예술가로서 19세기 미국사회를 살아야했던 멜빌 자신의 고뇌를 그려낸다.

작가가 깊이 절망하던 시기에 쓰인 작품, 「바틀비」에는 자신과, 혹은 세상과 대화하지 않으려는 두 유형의 예술가가 등장한다. 다시 말해서 현실과 대면하는 두 가지 방식, 즉 무의식적인 이중성과 정직한 길에 관한 대조적인 이야기로 구성된다.(Dillingham 21) 「바틀비」에서 화자는 사회구조의 이면을 파헤쳐 보려하지 않는 당대의 전형적인 예술가이며 그의 가설은 미국 이데올로기를 압축한다. 반면에 저자가 이상적인 예술가 형으로 그의 편지에서 밝힌 바 있는 '사색의 잠수부'는 바틀비이다.

「바틀비」에 대한 가장 일반적인 비평경향은 멈포드(Lewis Mumford), 막스(Leo Marx), 체이스(Richard Chase), 아빈(Newton Arvin) 등, 자신의 시대와 반목하는 19세기 미국 예술가의 초상화로 보는 관점이다. 절대주의와 자유의지 사이에서 갈등하는 주인공의 모습을 그리고 있다고 평하는 포글(R.H.Fogle)과 불합리함의 파괴적인 특성을 제시한다는 호파마(Charles G.Hoffama)의 견해가 있으며 당대 물질주의 사회의 불모성과 비인간적인 특성을 비판한다고 보는 메이슨(Ronald Mason)의 주장 등을 더 들 수 있다. 매씨슨 등은 그 예술성에 초점을 맞추며 최근의 비평들에서도 아이러니, 상징주의 기법, 형식자체가 주제를 구현하는 특성에 주목한다.

2.

「바틀비」는 특히 『모비딕』과 긴밀하게 연관되고 주인공들의 특성도 유사하므로 『모비딕』과 연관지어 이를 분석하고자 한다. 『모비딕』의 이스마엘의 경우 피쿳 부족 대학살 사건을 합리화하던 17세기 퓨리턴들처럼 아합 일행을 인디언이라고 일컬으면서 결국 이들의 파멸을 정당화하는 결론으로 나아가게 된다. 인디안 노예들을 가두기 위해 세운 벽에서 유래된 월스트리트라는 이름(Riddle 184)이 함축하듯이 이는 「바틀비」의 변호사가 바틀비의 죽음을 바라보는 시각이기도 한다.

「바틀비」를 이해하기 위해서 소설의 중심의식인 화자의 성품과 직업에 관한 세부묘사들을 살펴보는 것이 필요하다. 변호사는 사회의 압력에 굴복해서 월스트리트의 법률 사무실을 떠나게 되나 바틀비는 끝까지 대항하다가 결국 죽음에 이르게 되는 것으로 이 작품 내용은 요약된다. 그 후 변호사는 바틀비의 삶을 평가하고자 시작한 집필 작업에서 자신의 의도와 어긋나는 결론에 이르는데 이는 모든 멜빌 작품의 화자-예술가들이 벗어나지 못하는 고뇌의 본질이기도 하다. 화자는 아합처럼 바틀비도 모비딕이라는 벽을 뚫으려고 해서 결국 죽게 된다며 독자에게 자신의 길을 따를 것을 요구한다. 따라서 바틀비 삶의 의미를 진지하게 제시하기 보다는 바틀비가 등장하기 전부터 장면들이 세심하게 배치되고 일단 소개되고 난 뒤, 이야기는 '예정된 비애'라는 불가피한 결론으로 반복적으로 점차 느리게 향한다.(Fogle 26-27)『모비딕』에서의 고래는「바틀비」의 벽과 같은 의미를 지닌다. 벽이 함축하는 문제와 씨름하다가 바틀비의 눈이 침침해졌다는 화자의 주장은 고래를 추격하면 아합처럼 눈이 멀게 된다는 이스마엘의 입장과 동일하다. 변호사는 현실을 대면하면 시력이 상하며, 더 나아가서 죽음에 이른다는 경고로 바틀비의 이야기를 이끌어간다.

화자 성격의 주된 특성으로 사회의 일반적인 경향에서 이탈될 것을 두려워하는 소심증, 결정적인 행동을 할 수 있다는 자기기만, 웅변적인 과시에서 드러나는 허영심, 자신이 예술과 학문에 식견이 있다는 과장된 자부심 등을 들 수 있다. 그는 도덕보다 편의를 따름으로써 세상에 타협하게 된다. 스테인(William Bysshe Stein)은 바틀비에게 느끼는 연민과 동정심을 확고한 도덕적인 행동으로 이끌지 못하는 것이 화자의 한계(107)라고 평하며 굽타(R.K. Gupta)도 화자의 도덕은 편의주의에 입각한 것임을 밝힌다.

화자는 처세술로 세상을 무난히 헤쳐 나가는 성공한 변호사이다. 그는 자신이 신중하다고 말하나 이는 현실에 뛰어들지 못하는 소심함을 합리화하는 것이다. "이제 나도 제법 나이든 사람이다"(59)라는 이야기 서두에서부터 드러나듯이 그는 나이 드는 것과 죽음에 대한 두려움을 느낀다. 변호사가 존경하는 세 인물을 통해서도 그의 특성을 알 수 있다. 가령 자신의 전문분야에서는 키케로(Cicero)가 그의 우상이며 그는 대담한 시인, 바이런(Byron)을 숭배하고 성공적으로 자수성가한 사업가로 유명한 애스터(Aster)를 따른다. 애스터는 뉴욕에서 부동산 투자로 많은 재산을 축적했으며 자신이 관대한 애국자와 인도주의자로 평가받기를 원했던 인물이다. "마치 금괴처럼 울리기 때문에"(60) 애스터의 이름을 즐겨 말한다는 주장에서 그는 무엇보다도 애스터의 돈에 깊이 감명을 받았음을 알 수 있다. 애스터가 "금괴"라면 바이런은 "혈기왕성한" 특성을 지닌다는 점에서 화자는 바이런도 같은 이유로 존경함을 알 수 있다.(Dillingham 19) 또한 사무실에 변호사 키케로의 흉상을 걸어 놓고 그 유려한 말솜씨 때문에 그를 숭배한다는 점에서 자신의 논리라는 벽에 감금된 화자의 특성이 드러난다. 화자의 이야기는 자신의 입장을 옹호하는데 주력하며 진실을 밝히기보다는 독자를 감정적으로 설득하는 키케로 수사학의 전형적인 특성을 보여준다.(Riddle 59) 그가 교회에 다니는 주된 목적도 유명한 설교자의 이야기를 들을 생각으로, 즉 남을 설득하기 위한 설교 기술을 배우려는 것이다.

작품의 전체 주제를 함축하는 사회, 역사적인 텍스트, 가령 형벌결정에 관한서류, 법정의 선서증언 같은 역사적인 자료를 전체 텍스트 의미와 관련짓는 신 역사주의자 그린블라트(Greenblat)의 분석방법은 「바틀비」해석에도 유용하다. 가령 변호사의 바틀비 이야기는 독자의 재판을 받듯이 자신의 입장을 합리화하고 변론하는 과정으로 볼 수 있다. 작품 내의 두 소송사건이 이러한 해석을 뒷받침한다. 사무엘 에덤스(Samuel Adams)라는 인쇄업자를 살해해 일종의 '배달이 불가능한 우편물'이라

볼 수 있는 그를 나무상자에 넣어 뉴올리언스(New Orleans)로 부치려 했던 죤 콜트(John C. Colt)소송사건과 유명한 위조범, 몬로 에드워즈 (Monroe Edwards)소송사건이 그 구체적인 예이다. 예를 들어 형무소에서 일하는 사람과의 대화 중에 그가 바틀비를 당대의 유명한 사기꾼, 몬로 에드워즈로 잘못 알자 변호사는 어떤 위조 범도 만난 적이 없다고 말한다.

> "그가 돌지 않았나요?"
> "정신이 조금 착란된 상태에 있다고 생각해요"라고 나는 슬프게 말했다.
> "미친? 미쳤다고요? 자, 여하 간에 당신의 저 친구가 신사 같아 보이는 위조범이라고 생각했어요…당신은 몬로 에드워즈를 아나요?… 그렇다면 당신은 몬로와 아는 사이가 아니었어요?"
> "네, 나는 어떤 위조범과도 허물없이 가깝게 지내는 사이가 아니었어요." (97-98)

여기서 자신은 의식하지 못하나 변호사는 스스로를 속이는 사기꾼, 형평법 재판소의 협잡꾼임이 함축된다.(Smith 65) 아울러서 변호사는 사무실을 떠나지 않겠다며 자기자리로 돌아간 바틀비를 생각하며 죤 콜트의 비극을 떠올린다. 죤 콜트 소송사건의 의미는 바틀비가 월스트리트의 변호사 사무실로 옮겨오기 전에 워싱턴에서 중앙우체국, 배달 불능 우편물 담당부서에서 일했던 사실과 연관된다.

근거가 확실하지 않은 바틀비에 대한 소문이 「바틀비」의 처음과 마지막을 구성한다. 특히 바틀비에 대한 소문을 담은 부록 부분에서 사회의 기존 시각으로 바틀비의 행동을 설명하는 화자의 제한된 관점이 부각되며 자신의 행동을 옹호하고 독자로부터 연민을 얻기 위해 씌어진 그의 바틀비 이야기 특성도 드러난다. 『모비딕』의 서두 "어원"과 "발췌" 부분에서 함축된 작가는 화자의 체계적인 텍스트를 해체해야만 진실이 밝혀질 수 있음을 독자에게 제시한 바 있다. 「바틀비」의 경우도 워싱턴의 중앙우체국, 배달 불능 우편물 담당부서 하급직원이었다는 바틀비에 대한 소문을 담은, 부록 부분에서 독자는 화자의 관점에서 벗어나 바틀비 이야기를 새롭게 해석할 수 있는 단서들을 찾을 수 있다.(McCall 129) 이런 부록부분들은 작품 전체의 완결된 형식을 파괴하게 되는데 유고작 『빌리버드』에서 멜빌은 진실을 담고 있는 예술작품은 완벽한 균형미를 갖추고 있는 것이 아니라 투박한 "모서리"(405)를 지니기 마련이라는 자신의 예술관을 밝힌 바 있다.

볼 줄 모르는 화자가 죽은 바틀비의 희미하게 열려진 눈을 감기는 바틀비의 죽음장면에서 함축된 작가는 화자의 바틀비 이야기의 의도를 냉소적으로 풍자한다.(Riddle 71) 우편제도상 불태워지는 불법의 편지들은 기존 체제의 한계를 입증하는 것들이므로 "바틀비가 분류한 편지는 대량으로 해마다 불태워졌다고 하는"(99) 구절에서 체제를 비판하는 삶은 죽음에 이르게 된다는 화자의 기본입장이 담겨있음을 알 수 있다. 화자의 이런 주장은 반복되어 가령 "이러한 편지들은 급히 죽음으로 나아가게 된다"(99)라는 부록의 마지막 말에서 바틀비의 삶의 특성을 집약적으로 보여주는 이런 배달 불능 우편물이 담고 있는 "희망"은 결국 쓸모없는 것으로 죽음에 이르게 되는 첩경임을 강조한다. 혹은 "배달불능 우편물! 이는 마치 죽은 사람처럼 소리나지 않는가?"(99)라며 자신의 결론으로 독자를 유인하기 위해 반문하고 이에 "타고나면서부터, 그리고 불행을 겪은 탓으로 절망하기 쉬운 사람을 마음 속에 그려본다면 배달 불능 우편물을 끊임없이 취급하고 분류해서 불태우는 일보다 더 깊이 절망할 직업이 있겠는가?"(99) 라며 스스로 답하는 그의 전형적인 수사법도 부록부분에서 압축적으로 제시된다.(Parker 162) 이로써 변호사는 지배 이데올로기를 따르지 않는 예술작품은 분실될 위험에 처하게 되고 그러한 작품을 집필한 예술가는 죽음에 이르게 된다고 주장하게 되는 셈이다. 바틀비의 삶이 의미하는 바처럼 지배질서에 순응하지 않으면 결국 사회에서 거부당하게 된다는 것이다.

진지한 진리탐구가로서의 출발점에서 점차 어긋나는 변호사의 특성은 당대 지배계층의 관점을 취해나가는 과정, 가령 그의 물질주의적인 가치관에서도 찾을 수 있다. 즉 그는 정의를 실천하는 법조인으로서 본연의 책임을 잊은 채 "부자들의 공채, 저당증서, 부동산 권리증 등을 다루는 것과 같은 안전한 일들을 하며"(60) 부자들에게 봉사하는 것이 자신의 주된 임무라고 주장한다. 젊어서부터 쉬운 길이 최상의 방법이라는 신조를 가졌으며 따라서 그는 "뛰어나게 안전한 사람"(60)으로 평가받는다. 당시 법 개혁이 요구됨에 따라 새 법이 통과되었음에도 "새로 제정된 헌법에 의해 형평법 법원장 직책을 갑작스럽게 폐지한 것은 너무 서두른 조치로 보인다. 이 자리에 있는 이점을 살려서 보다 행복하게 살 기회를 갖기 기대했는데 그런 혜택을 몇 해 밖에 누리지 못했다"(60)라며 사법개혁에 대해서는 언급하지 않고 단지 형평법 법원장이라는 자신의 직책과 경제적인 이윤을 잃게 될 것만 염려한다.

또한 자신의 상상에 의해서 "창백한 얼굴의 하급직원은 때때로 접혀진 편지에서 반지를 꺼낸다"(99)라고 바틀비를 묘사하는 구절에서 바틀비 행동의 정치적인 의미를 감추려는 화자의 전형적인 특성이 제시된다. 다시 말해서 월스트리트라는 물질 중심사회의 가치관을 담은 그의 이야기는 바틀비가 경제적인 이유 때문에 저항하게 되는 것으로 설명하는 오류를 범한다. 예를 들어 바틀비가 서류대조를 거부하는 것은 자신의 일도 아닌 것을 무보수로 해야 되기 때문인 것으로 그 이유를 설명한다. 더 나아가서 단호한 의지로 변호사의 법률문서 베끼기를 거부하는 바틀비의 저항의 의미도 단순히 변호사 자신의 사적인 소유권을 위협하는 것으로 규정한다.

화자의 바틀비에 관한 이야기에서 정작 바틀비 자신의 관점은 제시되지 않는다. 다시 말해서 바틀비의 저항의 동기와 그가 처한 상황을 명확하게 제시하기보다는 파악하기 힘들다거나 그가 정신이상이라며 이를 회피한다. 따라서 변호사와 바틀비의 관계는 식민주의 담론에서의 아프리카인과 유럽인의 관계처럼 환영과 살아있는 자 사이의, 미친 사람과 정상적인 사람사이의 관계로 규정된다. 변호사는 자신이 직접 만나 사무실에서 같이 지냈음에도 만족스런 바틀비 이야기를 쓸 만한 자료가 없다고 불평하며 애매한 소문으로 바틀비의 행동을 모호하게 설명한다. 따라서 법정의 재판관으로서 바틀비의 삶에 관해 알려진 사실을 명백하게 제시하려는 관심이 제한되어 있다는 비판을 비평가들로부터 받는다. 바틀비의 모습은 변호사 기억 속의 노예로 끝난다는 도날드슨(Donaldson)과 화자의 억압된 무의식에서 끌어낸 환영(Dillingham 44)이라는 딜링햄의 지적에서 알 수 있듯이 변호사는 바틀비의 여정을 생생하게 그리기를 꺼리는 것이다. 따라서 바틀비는 작품 전반에 걸쳐서 유령과 같고 이미 죽어 있는 모습으로 그려진다. 일요일 아침 변호사 사무실 방문에 나타난 모습은 "바틀비의 유령"으로 묘사되고 그 장면을 "창백한 필경사는 자신을 배려해 주지 않는 낯선 사람들 사이에 있으며 그의 몸은 수의에 싸인 채 매장될 준비가 되어있는 것처럼 생각되었다"(77-78)라고 설명한다. 반복해서 바틀비의 모습은 '창백한', '생기가 없는' 등의 형용사로 묘사된다. 이렇게 바틀비 묘사에 성실하지 못한 화자의 특성은 바틀비의 죽음 장면묘사 부분에 이르러 "불쌍한 바틀비의 매장에 대한 불충분한 이야기는 상상력으로 쉽사리 보충되어질 것이다"(99)라며 독자의 개입을 요구하고 있음에서 보다 확실하게 드러난다.

변호사는 바틀비를 자유의지를 지닌 순교자, 혹은 치료 불가능한 정신질환자로 평가하는 등 일관된 관점을 제시하지 못하므로 그에 대한 비평가들의 의견이 다양하다. 우선 그를 정신 질환자로 보는 관점으로 정신 분열증으로 고통 받는다고 주장하는 체이스(Richard Chase)와 백일몽에 빠진 자폐증 환자로 보는 설리반(Sullivan), 우울한 인간형으로 보는 라이트(Nathalia Wright)를 들 수 있다. 반면에 막스, 엘리옷(Alexander Eliot), 다반조(Mario D'avanzo), 웰즈(Daniel A. Wells) 등은 바틀비를 예술가, 혹은 멜빌 자신으로 파악하는 비평가들이며 부쉬(Fredreick Busch)와 로긴은 바틀비를 쏘로와 비교한다. 또한 프랭클린, 피엔느(Donald M. Fiene), 헐(Raymona E. Hull), 가드너(John Gardner)등은 그를 예수와 같은 인물로 보며 스테인(William Bysshe Stein)은 거세된 예수로, 스템펠(Daniel Stempel)과 스틸리안즈(Bruce M. Stillians)는 타락한 사회에서 순응하며 살기를 거부하는 성자로, 피셔(Marvin Fisher) 는 19세기 미국사회의 자기도취적인 무관심한 특성에 대항하는 예수로 바틀비를 평한다. 그밖에 현대 사회의 추방자라는 프리드만(Maurice Friedman), 에머슨 철학의 실천주의자라는 쉴(John Seeyle), 물질중심 사회의 희생자로 보는 바넷(Louise K. Barnett)의 견해가 있다.

이스마엘이 진실을 밝히기보다는 대신 아합의 굽힐 줄 모르는 끈질긴 고래추적의 이유를 그의 미친 정신 때문으로 설명했던 것처럼 변호사는 바틀비의 저항을 선천적인 정신이상 탓으로 돌린다. 가령 형무소 뜰에서 벽을 대면하고 있던 바틀비가 설득 당하지 않자 변호사는 그가 정신이상이라는 결론을 내린다. 이런 주장은 일요일 사무실 장면에서도 반복된다. 콘라드(Joseph Conrad)의 『암흑의 핵심』(*Heart of Darkness*)에서 말로우(Marlow)는 콩고 강 상류로의 항해도중 아프리카 원주민들을 환영으로 보던 시각에서 벗어나 일순간 그들이 '살아있는 인간이지 않을까' 하는 의심을 하게 된다. 변호사의 경우도 일요일 사무실 안에서 바틀비의 실체를 파악할 수 있는 계기를 갖는다. 즉 순간적으로 바틀비의 외로운 삶이 자신을 포함해서 당대의 보편적인 특성임을 인식했음에도 결국 이를 그의 정신이상 탓으로 돌린다.

> 인간이라는 공통의 유대가 나를 어쩔 도리 없이 그 우울함으로 끌려 들어 가게 한다. 형제로서 같이 느끼는 우울함!…나와 비틀비는 둘 다 아담의 아들들이기 때문이다…그날 아침 목격했던 사실들로 인해 그 필경사가 치유 불가능한, 타고난 정신이상의 희생자라고 나는 믿게 되었다. (77-79)

따라서 변호사의 서술을 그대로 수용하는 비평가들은 그를 정신 질환자로 파악한다. 여기서 정신이상이라는 주장은 식민주의 담론에 대한 신 역사주의자들의 분석에서 밝힌 바 있듯이 흔히 이질적인 세계관을 배척하는데 이용되는, 현실과 괴리가 있는 가설에 불과한 것이다. 가령 푸코의 설명에서 볼 수 있듯이 광증이라는 개념은 유럽 식민주의 담론에서 만들어진 뒤 원주민들의 야만성을 입증하는 증거로 사용되는 카니발리즘과 마찬가지 과정을 거쳐 생성된다.

화자의 바틀비 이야기는 미국 예레미야(애가) 양식의 특성을 보여준다. 이는 19세기 미국 문학작품에서 공통적으로 드러나는 서술양식으로 기독교는 기존 이데올로기를 옹호하기 위한 방편으로 이용된다. 비평가 프랭클린이 "마태복음 25장 34절에서 40절까지 에서의 예수의 명령들을 열거한다"(126-36)고 평할 만큼 이 작품에는 종교적인 인용이 많다. 그러나 길만(Henry A. Murray Gilman), 나이트(Knight), 비글로우(Bigelow) 등은 기독교도로서 변호사의 위선을 지적하였으며 스테인도 화자의 이야기에서 불경스런 말들이 울려 퍼진다고 주장한 바 있다. 기독교 가르침을 진심으로 실천하지 못하는 그의 바틀비 이야기에는 성서 구절들이 아이러닉하게 짜여 져 있다.(Clark 145-46)

예를 들어서 바틀비를 설득해서 사무실에서 내쫓지 못하자 변호사는 이에 분노하며 자신이 그를 죽이게 되리라는 두려움에 빠지게 되나 자기본위로 해석한 '서로 사랑하라'는 기독교 교리를 떠올린다. 그리고 에드워즈(Jonathan Edwards)의 의지론과 프리스틀리(Joseph Priestly)의 숙명론을 읽고 난 뒤 자신은 바틀비의 저항은 예정된 것이라며 섭리론적으로 이를 해석하고 체념하게 된다고 설명한다. 여기서 기독교를 이용해서 과거에 일어났던 일을 운명론적으로 설명하는 모순적인 논리를 볼 수 있다.(Marx 94) 이러한 자신의 주장과 달리 이후 변호사는 초자연적인 힘보다는 사회의 요구에 따라 움직인다. 변호사의 현실과 괴리된 퓨리턴적인 사고경향은 바틀비의 영향으로 사무실안의 모든 사람이 'prefer'라는 말을 쓴다는 사실을 갑자기 깨달을 때도 드러난다. 바틀비의 행동은 변호사와 다른 필경사들의 의식에 영향을 미치기 시작해 그들도 선택하게, 즉 독자적인 의견을 갖게 된다. 그러나 화자는 'prefer'라는 표현이 자신과 필경사들의 마음을 위협하는 어둡고 신비한 힘이라며 벌써 어느 정도 자신들의 혀를 돌려놓은 이 광인을 내쫓아야 한다고 생각한다.

의미가 없는데서 의미를 만들어내는 일에 전념한다는 스프링거(Norman Springer)의 지적대로 화자는 백오십여 년 전의 세일럼(Salem)에서처럼 결국 심증이 가지 않음에도 바틀비를 마녀로 고발하고 있는 셈이다. 즉 바틀비를 설명하고자하는 화자의 노력과 세일럼의 마녀들에 대한 퓨리턴들의 박해사이에 유사성이 있으므로 바틀비에 대한 변호사의 끊임없는 심문은 바로 자신의 심리과정을 옹호하는 퓨리턴 법관의 경우로 볼 수 있다(Clark 137)는 것이다.

> 아무튼 최근에 이르러서 아주 엄밀하게 말해서 적절하지 못한 모든 경우에도 이 '-하고 싶다'라는 단어를 나도 모르는 사이에 무의식중에 사용하는 버릇이 생겼다. 그 필경사를 접촉한 사실이 이는 이미 내 정신에 중대한 영향을 미치고 있다는 생각에 나는 몸서리를 치게 되었다. 한층 더한, 그리고 더 심각한 정신이상 현상을 생겨나게 하지 않는다고 어떻게 장담할 수 있겠는가? 이러한 걱정이 내가 정식절차를 생략하고 약식의 조치를 취하도록 결정하는데 효력이 없었던 것은 아니었다. (81)

멜빌 작품에서는 주제를 파악하기 위해 장소의 의미를 정확히 규명하는 것이 필요하다. 즉 저자의 설명이 극도로 자제된 멜빌 작품 분석에 있어서 배경묘사는 함축된 작가의 의도를 파악할 수 있는 중요한 단서가 된다. 바넷(Louise K. Barnett), 펠하임(Marvin Felheim), 포글(Richard Harter Fogle), 가드너(John Gardner), 빈센트(Howard P. Vincent) 등도 작품의 배경이 되는 법률 사무소의 사회 정치적인 의미에 비평의 초점을 맞춘다. 「바틀비」의 장면은 월스트리트에 있는 변호사 사무실에서 시작되어 형무소에서 끝난다. 변호사 사무실의 의미에 대해 계급과 권력에 따라 분리된 당대 사회의 전형적인 특성을 보여준다는 것이 일반적인 관점이다. 함축된 작가는 여러 단서들로 이곳은 개혁의지가 지배하는 공간임을 보여준다. 반면에 형무소는 감옥과도 같은 미국사회를 대변한다. 이는 변호사 사무실과 대조되는 공간으로 경제적인 타락과 불법적인 정치행위로 악명 높았던 월스트리트의 특성을 압축적으로 보여준다. 형무소가 '이집트 식의 석조건물'과 '피라미드' 등 이집트 메타포로 묘사되고 있음에서 이는 당대 미국 사회를 대변하고 있음을 알 수 있다. 앞서 Ⅲ장에서 분석한 바 있듯이 멜빌은 19세기 미국의 특성을 피라미드 사회로 규정한 바 있다.

바틀비가 이전에 근무했던 워싱턴의 우체국, 배달 불능 우편물처리과와 변호사 사무실은 동일한 개혁공간으로 처음 바틀비가 변호사 사무실에서 베낀 법률서류는 워싱턴에서 취급한 편지들과 유사하다. 화자는 바틀비가 변호사 사무실에 온 목적을 행정당국의 갑작스런 조치로 워싱턴에서 뉴욕으로 오게 되었다는 풍문으로 일축하고 바틀비가 이전에 사회의 압력을 받은 장면묘사를 가능한 생략한다. 그러나 아합이 피쿼드 호에 승선하게 된 동기와 바틀비가 변호사 사무실을 찾는 이유는 같다(Macall 52)고 볼 수 있다. 아합 선장은 다리를 절단 당했던 이전의 항해경험을 통해 고래가 의미하는 바 사회모순에 눈뜨게 된다. 이를 시정하고자 그는 위험을 무릅쓰고 고래잡이에 나선다. 마찬가지로 이전 배달불능 우편물 처리일을 통해 부조리한 현실을 깨달은 바틀비는 이를 시정하고자 변호사 사무실에 오게 된다. 변호사 사무실 벽과 그 앞쪽 하얀 벽 사이의 공간은 "거대한 사각 물탱크"(61) 같다며 사무실은 배의 이미지로 처리되고 여기서 느끼는 바틀비의 외로움도 "대서양 한 가운데 떠있는 난파선의 파편"(83)으로 묘사됨으로써 이곳은 『모비딕』의 피쿼드 호 선상과 유사하게 현실에 뛰어든 예술가들이 활동하는 공간임을 알 수 있다. 또한 법률 사무소의 쉽게 접혀지는, 접이식 유리문과 초록 빛 접는 칸막이 둘 다 이곳은 개혁의지가 지배하는, 즉 벽을 제거하려는 시도들이 집결된 공간임을 보여준다. 따라서 이곳에 사회의 압력이 가해지게 된다. 여기서 도피하는 변호사는 이스마엘이며 끝까지 돌진하다 죽음에 이르는 바틀비의 여정은 바로 선장 아합의 궤적으로 볼 수 있다.

바틀비는 여러 번 "죽음 같은 벽에 대한 깊은 생각"(88)에 잠겨있는 모습으로 그려진다. 또한 법률서류를 베끼는 작업까지 거부하고 난 뒤 시종일관 바틀비가 응시하는 벽과 바틀비가 그 밑에서 죽은 채 발견된

놀랄 만큼 두꺼운 감옥의 벽은 『모비딕』의 고래와 마찬가지로 "죽음 같은, 이해하기 어려운 벽"으로 묘사된다. 따라서 그의 저항의 실체를 깨닫기 위해서 벽의 의미를 파악하는 것이 중요하다는 사실을 알 수 있다. 바틀비가 죽음을 무릅쓰고 대면하는 벽이 바로 『모비딕』의 흰 고래와 마찬가지로 당대 사회현실을 상징하는 것은 "죄수가 벽을 허물지 않고서 어떻게 밖으로 나갈 수 있나? 나에게는 그 흰 고래가 벽이야. 바로 가까운 곳에서 나를 난폭하게 떠밀고 있지…그는 산더미처럼 나를 짓누르고 있네"(144)라는 아합의 뒷갑판 연설에서 알 수 있다. 바틀비는 아합처럼 개인을 감금하는 사회의 벽을 뚫고 나가는 길이 유일한 진리탐색의 방법이라고 판단한다. 따라서 그는 벽이 상징하는 바, 감옥과도 같은 19세기 미국 사회에 대면해나가다 죽음에 이르게 된다. 반면에 변호사는 이스마엘이 고래의 흰색에서 "색이 없는, 혹은 모든 색을 다 가진 무신론"(169)을 인식할 수 있다고 말하듯이 자신의 사무실은 "아무 것도 아닌 월스트리트"(83)를 마주하고 있다고 언급한다. 여기서 벽을 무색의 공허한 것으로 인식할 수 있는 능력이 중요하다고 주장하는 화자의 입장이 함축적으로 제시되고 있음을 볼 수 있다.

바틀비의 죽음 이후 변호사는 자책감에 빠지게 되며 이에서 벗어나고자, 또한 바틀비의 삶의 가치를 인정하고 그 의미를 부각시키기 위해 집필 작업을 시작한다. 그러나 본래 취지와 어긋나게 사회 통설대로 그의 삶을 비판하게 되는 딜레마에 빠진다. 화자는 바틀비가 자신의 위험을 무릅쓰고 발견해낸 진리의 본질이 무엇인지 분명히 밝히기보다는 이러한 진리는 발견해 낼 수 없는 것이며 또 그러한 시도를 하게 되면 불가피하게 큰 위험에 봉착하게 되고 만다는 주장만을 반복적으로 해 나간다. 고래를 추격하면 아합처럼 눈이 멀게 된다는 이스마엘의 주장처럼 벽이 함축하는 문제와 씨름하다가 바틀비의 눈이 침침해졌다고 변호사는 파악한다. 다시 말해서 그는 현실에 대결하면 죽음에 이른다는 경고로 바틀비의 이야기를 끝어감으로써 사회에 순응할 것을, 자신의 길을 따를 것을 독자에게 요구한다. 앞 장들에서 지적한 바 있듯이 멜빌의 예술론, 「호손과 그의 이끼」의 화자도 작가란 진리를 구현해내는 위대한 예술가, 그리고 현실세계의 변혁에 직접 참여하는 인물이라기보다는 단지 "진리를 말하는 뛰어난 **기술**"(「호손과 그의 이끼」 542)에 통달한 능숙한 이야기꾼에 불과하다고 주장한 바 있다. 멜빌의 화자들은 공통적으로 이러한 특징을 지니고 있다.

바틀비 전기를 집필하는 과정 중 화자의 의식 속에서는 치열한 갈등이 전개된다. 화자의 이야기 대부분은 바틀비와의 대결과정으로 구성됐으며 슐만(Shulman)은 이를 자본주의 가치관과 기독교적인 가치관 사이에서의 갈등(9,11,18-19)으로 분석한다. 지배계층의 대변인으로서 변호사는 바틀비의 삶에서 직시할 수 있는 세상의 모순점들을 부인하고자 하며 점점 더 분열된 반응을 보이게 된다. 바아버(Patricia Barber)가 「바틀비」를 자신이 구원하지 못하는 사람을 사랑하게 되는 러브스토리라고 평한 바 있듯이 화자는 바틀비에게 반발할 필요도 있고 그의 양심에 호소해오는 바틀비의 저항도 필요로 한다.

우선 화자가 자신의 주장과 달리 바틀비에게 매혹된 채 그의 영향을 받는 부분을 살펴보도록 하겠다. 가령 화자는 바틀비의 저항에 "다소 탁월한 고려"가 있음을 인지한다. 베긴 서류를 검토하라는 요구를 거절하는 바틀비에게 "모든 정의와 이성"이 함께하고 있으며 바이런도 같은 상황에서 불만을 토로할 것으로 생각된다며 바틀비의 반발을 기대하고 있었던 인상을 준다. 바틀비를 사무실에서 내쫓는데 성공한 것이 유감스럽다고도 토로한다. 또한 내쫓기 위해 사무실로 불러서 바틀비에 관한 정보를 얻어내고 난 뒤 그에게 호의를 느꼈다고 말하며 당분간 바틀비 이야기를 진행해 나가지 않는 것이 현명하다는 암시를 하기도 한다. 일요일 사무실 장면에서는 바틀비가 처한 상황에 대해 자신의 살을 도려내는 듯한 아픔을 느끼며 "고용된 필경사가 자신에게 지시하고 사무실에서 나가라고 명령하도록 묵인하게 될 때 자신이 일시적으로 무기력해지게 되는 것으로 생각된다"(76)라며 바틀비에 대한 자신의 반발이 무력함을 토로하기도 한다. 변호사는 계속해서 바틀비는 근면하고 침착하며 일관성을 지닌 정직한 사람이라고 평한다. 따라서 그는 바틀비와의 갈등을 오히려 바라고 있음을 "나는 이상하게도 새롭게 그와 대적해서 대면하고 싶다는 자극을 받았다 ─ 그에게서 나에 대한 분노의 불꽃을 이끌어내고 싶다고"(72)느꼈으며 심술궂은 충동대로 "다시 한 번 저항을 받아보고 싶다는 기분이 불타올랐다"(73)라고 토로한다.

바틀비의 저항에 대한 변호사의 반응들, 다시 말해서 바틀비와의 갈등을 해결하는 과정은 반복되는 패턴을 보여준다. 화자는 바틀비의 도전을 받고 두려워하며 결정을 내리지 못한다. 결국 도망치게 되며 마지막으로 이런 자신의 행동을 합리화 한다. 그의 우유부단한 특성은 바틀비 행동의 정당성을 시인하면서도 결국 사회의 요구대로 그를 사무실에서 내쫓기 위한 방법을 모색하는 과정에서 드러난다. 가령 친하게 사귀고자 하며 뇌물을 주기도 하고 충고도 하며 논리적으로 그가 거부하는 이유를 고찰해 본다. 바틀비가 조용히 사무실을 나갈 것이라고 혼자 가정해 보기도 하나 실현되지 않자 그를 위협하게 되고 결국 내쫓는 방법밖에 없다는 결론을 내린다. 낯선 변호사와 분개한 건물 주인과 입주자들이 바틀비에 대한 그의 책임을 논하자 최선을 다해 바틀비를 내쫓겠다고 공언한다. 그가 바틀비에게 새 직장을 권한 것도 건물에서 내쫓으려는 목적 때문이었다. 변호사는 필경사, 포목상, 점원, 바텐더, 나라 안을 돌아다니며 수금하는 일, 유럽여행을 안내하는 일 등 다섯 가지 직업을 바틀비에게 제의한다. 이에 대해 비평가들은 일반대중과 더 널리 접할 수 있는 기회와 자유로움을 바틀비에게 제공해 준다고 평하기도 하나 오히려 화자는 "두 가지 중에 어느 하나가 이뤄져야 하네. 자네가 무언가를 하든가, 무엇인가가 자네에게 행해지든가"(93)라며 자신의 제의를 따르지 않을 경우 사회 압력이 가해질 것이라는 협박을 한다고 볼 수 있다.

바틀비를 부인하는 것은 결국 자신의 일부를, 변화의 가능성과 위험, 사랑에 의한 행동들을 거부하는 것으로 그의 죽음은 변호사 자신의 죽음이기도 하다. 결국 화자는 바틀비의 실체를 밝히고 그의 삶의 의미를 부각시키기보다는 바틀비를 추방시키라는 사회의 압력에 동조하게 된다. 변호사가 사무실을 떠난 뒤 결국 바틀비 문제에 사회가 관여하게 된다. 빌딩주인이 경찰에 통보함으로써 바틀비는 부랑자로서 형무소에 연행되는데 화자는 이 해결책을 "유일한 방안"이었다고 수긍한다. 그 뒤 형무소의 관계 공무원에게 바틀비에 대해 진술한다. 자신의 입장에 대해 "조금 덜 엄격한 조치가 취해질 때까지 그의 구금상태를 관대하게 봐주는 것이 어떻겠냐는 생각을 비쳤다"(96)라고 합리화함으로써 정의를 구현해야 하는 변호사로서의 책임감을 보여주지 못한다. 구빈원 등 다른 곳을 마련해줄 수 있었음에도 그는 바틀비가 결국 감옥에서 죽게 방치한다. 그럼에도 바틀비의 저항은 예정된 것이라며 자신은 신의 명령대로 이를 운명론적으로 체념하게 된다고 합리화한다. 그리고 화자는 "내가 취한 절차의 훌륭했던 점은 완벽하게 온화했다는 사실에 있다고 생각되었다…나는 그가 떠나야만 하는 입장을 가정하고 그 토대위에 내가 해야 할 말을 모두 했다. 내가 취한 절차에 대해 생각할수록 나는 더욱 그것에 매료되게 되었다"(84-85)라며 자신의 입장을 공허한 가설로 합리화한다.

변호사는 바틀비를 긍정하려는 욕구와 부정하려는 욕구사이에서 갈등하나 결국 사회 지배적인 관점에서 바틀비의 여정을 그려내게 되는 것이다. 사회의 요구에 따름으로써 바틀비에 대한 책임감과 자신의 인간성을 저버리게 된다.(Shulman 21) 아프리카의 현실에 매력을 느끼면서도 결국 거부하게 되는 콘라드의 소설 주인공, 말로우처럼 변호사는 바틀비에 대한 호감을 표현함으로써 전복의 가능성이 제기되나 결국은 기존 이데올로기의 틀을 벗어나 그의 실체를 묘사하는 데는 실패하게 된다. 변호사의 이야기는 궁극적으로 바틀비를 수용하는 시각으로까지 나아가지 못하는 것이다. 따라서 집필과정에서 그의 의식 속에서 치열한 갈등이 전개된다. 이러한 변호사의 특성을 드러내기 위한 '끄나풀' 역할을 하는 사무실의 필경사, 터키(Turkey)와 니퍼즈(Nippers)도 바틀비의 저항에 대해 분열된 반응을 보인다. 그들은 관례에 따라 반나절은 능률적으로 일 처리를 하나 나머지 시간에는 바틀비의 영향으로 난폭해지거나 신경질적인 반응을 보이며 일에 전념하지 않는다. 그러나 중산층 작가들을 대변하는 이들 필경사들은 결국 합심해서 바틀비를 공격함으로써 사회에 타협하게 된다. 이는 변호사의 이야기가 내리는 궁극적인 결론이기도 하다.(Shulman 13, Chase 60) 즉 바틀비의 여정은 죽음에 이르는 길이라며 변호사 자신의 길에 독자의 공감을 얻고 인정을 받음으로써 결국 그들을 사회에 순응시키는데 그의 바틀비 이야기의 주된 목적을 두게 되는 것이다. 변호사의 이러한 궤변은 지배계층이 자신들의 가치관을 일반화시키고 대중들이 이를 정당한 것으로 받아들이게 함으로써 그들의 헤게모니를 확립하는 19세기 미국인들의 일반적인 경향을 압축적으로 보여준다.(Shulman 13)

3.

　멜빌은 당대 전형적인 예술가의 창작과정을 통해 문학 텍스트에 대한 신 역사주의적인 분석의 전형을 보여준다. 더 나아가 이상적인 예술가의 길을 통해 통제적인 사회의 닫힌 논리를 해결할 수 있는 대안을 제시한다. 현실에 정면 대결 하는 소수의 작가들은 진실을 말할 수 있다는 것이다. 가령 「바틀비」에서 멜빌은 통제적인 사회 속에서 고뇌하는 예술가인 변호사의 삶 뿐 아니라 아울러 그 한계를 넘을 수 있는 이상적인 예술가 유형으로 바틀비의 삶을 제시한다. 다시 말해서 멜빌은 지배 이데올로기에 의해 사회가 전면적으로 통제되던 상황 뿐 아니라 이에서 벗어날 수 있는 방법까지 제시하는 복합적인 사회비판 작업을 그의 작품에 담고 있는 것이다.

　마지막으로 이상적인 예술가 바틀비의 삶의 의미와 그의 영향으로 제한된 범위에서 성숙하게 된 당대의 전형적인 예술가 변호사－화자의 특성을 고찰해 봄으로써 멜빌은 19세기 미국사회가 안고 있던 문제점들의 해결책을 바로 이들에게서 찾았음을 살펴보겠다.

　사회의 압력에 굴복해서 월스트리트에 있는 자신의 법률 사무실을 떠나는 변호사와 달리 바틀비는 끝까지 이 장소를 고수한다. 멜빌 작품처럼 소설의 거리가 지켜지는 객관적인 작품에서 함축된 작가의 시각은 등장인물들 사이의 대화나 상징에서 찾을 수 있다.

　본 작품에서도 바틀비를 이상적인 예술가 유형으로 제시하는 작가의 의도는 바틀비와 변호사의 대화 장면에서 드러난다. 가령 새 직장을 추천하는 변호사에게 바틀비는 자신은 변하지도, 구속받지도 않을 것이고 늘 분명하고 일정한 입장을 취한다고 주장한다. 이로써 이성적이며 용기와 결단력을 지닌 바틀비의 특성이 드러난다. 또한 그는 형무소 뜰에서 뒤돌아보지도 않은 채, 면회 온 변호사에게 당신이 누구인지 알고 있으며 아무 말도 하고 싶지 않고 자신이 "어떤 곳에 있는지 알고 있다"(96)라고 말한다. 여기서 바틀비는 변호사가 자신의 투옥에 연관됐다는 사실을 직시하고 그와 관계 맺기를 거부하는 등, 확신에 찬 사람으로서 행동하고 있는 것이다. 이런 특성은 아합에 대한 "로마시대의 공동 목욕탕으로 가보라!…그의 왕권은 무너졌고 위대한 신들은 포로가 된 왕을 비웃는다. 그는 캐리애티드(Caryatid; 그리스 건축의 여인상 기둥)처럼 묵묵히 앉아 견딘다"(161)라는 묘사에서처럼 일요일의 월스트리트를 대면하는 바틀비를 "외따로 떨어져 있는 적적한 장소의 유일한 목격자로서, 카르타고의 폐허 속에서 깊은 생각에 잠긴, 다소 변형된 순수한 로마 장군 마리우스처럼"(77)이라며 로마 모티프로 묘사하는 장면들에서도 알 수 있다. 멜빌 작품에서는 공통적으로 로마 모티브를 통해 기독교 가르침을 묵묵히 따르며 현실을 대면하는 주인공들의 특성을 제시하기 때문이다. 막스는 인간이 세운 벽과 인간의 도덕성이라는 벽을 혼돈 하는 탓으로 바틀비는 죽게 되며 결국 벽은 뚫고 나갈 수 있는 가면이 아님을 깨닫게 된다(101)고 평하나 바틀비는 자신을 에워싸고 있는 죽음의 벽을 꿰뚫고자 하는 강력한 의지를 지녔고 저자는 그의 길에 긍정적인 시선을 던진다.

점점 육체적인 구속이 심해져도, 즉 사회의 압력이 심해져도 바틀비는 끝까지 자신의 입장을 고수한다. 이러한 바틀비의 여정은 "폐허가 된 신전에 마지막으로 남은 기둥처럼, 그가 없었더라면 사람이 살지 않았을 쓸쓸한 방 한가운데 침묵하며 혼자 외롭게 서있었다"(84)라는 구절에서 함축되듯이 개인으로서 감당하기에는 힘든 외로운 길이다. 그러나 그의 저항에 대해 대중들은 관심을 갖게 되고 이에 대해 그들 나름의 지지를 하게 된다. 그의 구속에 대한 군중들의 이러한 반응은 "동정심이 많고 호기심을 지닌 구경꾼들 일부가 일행을 따라 왔다. 바틀비와 서로 팔짱을 낀 경찰 한 사람이 앞장 선 조용한 행진이 소란스런 소리, 뜨거운 열기와 함께 즐겁게 야단법석을 떠는 소리로 가득한 도로 가운데를 줄지어 나갔다"(95-96)라는 구절에서 드러난다.

멜빌은 세상을 식욕의 관점에서 분석한다는 스미스(Herbert F. Smith)와 음식에 대한 많은 언급을 한다는 스테인(Allen F. Stein)의 지적에서 볼 수 있듯이 「바틀비」의 음식 메타포들은 함축된 작가의 관점을 짚어 볼 수 있는 또 다른 단서가 된다. 멜빌 작품들에서 식욕은 『타이피』의 카니발리즘이 함축하듯이 타인을 희생시키려는 폭력을 의미한다. 바틀비는 동료들과 달리 대체로 식욕이 없으며 식사하러 외출하지도 않는다. 바틀비의 식사거부는 부쉬(F. Busch)의 '단식시위'라는 해석, 즉 정치행위라기 보다는 가능한 타인을 희생시키는 폭력을 사용하지 않으려는 그의 의지를 뜻한다. 반면에 짜릿하고 매운 진저넛만 먹는데 이는 그가 현실개입을 하는 과정에서 불가피하게 소극적으로나마 폭력에 의지하게 됨을 함축한다. 또한 바틀비를 통제하려는 거의 모든 에피소드에서 돈과 음식이 등장함에서 변호사가 물질과 폭력의 힘으로 바틀비를 회유하려했음을 알 수 있다.

강력한 의지로 끝까지 자신의 목적을 추구해 나가는 바틀비의 특성은 그가 눈을 뜬 채 죽는 모습에서 잘 드러난다. 또한 작가가 바틀비의 삶을 긍정하고 있음은 형무소 뜰의 잔디를 통해서 알 수 있다. 변호사는 바틀비를 찾기 위해 형무소의 복도들을 돌아다니다가 마침내 감옥 중앙의 뜰에 이르게 된다. 절망적인 사회 현실 속에서 찾을 수 있는 희망의 조짐을 함축된 작가는 감옥 뜰의 풀과 피라미드 속에 풀이 있는 신비로운 광경을 비교함으로써 제시한다.

뜰은 아주 조용했다. 보통 죄수들이 접근하기 쉬운 곳이 아니었다. 이 곳을 에워싼 벽은 놀라울 정도로 두꺼워서 그 배후의 모든 소리를 차단시켰다. 이집트 식 석조건물에서 느껴지는 우울함이 내게 엄습해왔다. 그러나 발밑에서 갇혀 있던, 여린 잔디가 싹텄다. 불멸의 피라미드의 중심부, 거기, 갈라진 틈을 통해서 새가 떨어뜨린 풀 씨앗이 이상한 마법에 의해 움텄다. (98)

멜빌은 『모비딕』 집필당시 이상적인 예술가가 되기 원하는 자신의 갈망을 "나는 이집트 피라미드에서 뛰쳐나온 한 톨의 씨앗으로 삼천 년이 지난 뒤…영국 땅에 심어져서 푸르게 자라 형태를 갖추게 되었다"(Marx 623)라고 묘사한 바 있다. 멜빌 작품에서 벽과 푸른 잔디는 늘 대조되는 이미지로 사용된다. 잔디의 초록색이 처녀작 『타이피』에서 사용된, 중요한 풍요의 상징이었듯이(Marx 102) 여기서도 구원의 힘을 상징한다. 자신이 감옥 속에 있음을 인식하는, 그리고 죽음 가까이 있는 바틀비 곁에 풀이 있는 것이다. 바틀비의 모든 시도는 감옥과 같은 사회에서 좌절로 끝나는 듯하나 이는 한 톨의 풀 씨앗처럼 변화 가능성을, 즉 희망의 전조가 됨을 의미한다.

아울러서 바틀비가 죽어있는 모습을 "벽 밑에서 이상하게 몸을 웅크렸으며 두 무릎을 세우고 차가운 돌에 머리를 닿게 한 채 비스듬히 누워있다"(98)라며 자궁 내 태아의 심상으로 묘사하는 구절에서도 그의 저항의 긍정적인 의미를 찾을 수 있다. 이 부분은 욥기 삼 장 에서의 "어찌하여 내 어미가 나를 낳을 때에 내가 숨지지 아니하였던가…그렇지 아니하였던들…자기를 위하여 거친 터를 수축한 세상 임금들과 의사들과 함께 있었을 것이요…또 부지중에 낙태한 아이 같아서 세상에 있지 않았겠고 빛을 보지 못한 아이들 같았을 것"(3:13-16)이라는, 자궁 속에서 죽기를 원한 욥의 말과 연관이 된다. 따라서 그의 죽음이

V. 월스트리트의 예술가들 133

종말이 아닌 새로운 삶을 잉태하기 위한, 닫힌 사회현실을 열어나가는 출발점으로 작가는 제시하고 있음을 알 수 있다.(Dillingham 48)

변호사는 바틀비와 씨름하는, 즉 그 삶의 의미를 파악하려는 과정에서 유보적인 범위에서 성장하게 된다. 막스의 지적대로 아합의 모비딕 추적이 이스마엘의 구원을 가져왔듯이 바틀비의 죽음으로 화자는 깨달음을 얻게 된다.(105) 변호사는 결국 현실에 순응하긴 하지만 바틀비의 암묵적인 비판에 위협을 느끼며 제한적인 의미에서는 그와 공감하며 그의 입장을 수용해 변모하게 된다. 피셔(Fisher), 패트릭(Patrick), 스템펠(Stempel), 스틸리안즈(Stillians), 스피처(Gary Spitzer) 같은 비평가들도 변호사가 바틀비와의 만남을 통해서 성장했다고 주장하였다. 위드머(Kinsley Widmer), 게라드(Albert J. Guerard), 스미스(Herbert F. Smith), 케플러(C. F. Keppler) 등도 바틀비는 변호사의 더블로서 그에게 도전해 곤혹스럽게 하나 궁극적으로 구원시킨다고 주장한다.

변호사의 깨달음은 "아 바틀비여! 아 인간애여!"(99)라는 마지막 외침에서 그 절정에 이르게 된다. 비평가들은 이를 다양하게 해석한다. 바넷(Barnet)은 바틀비에 대한 책임회피론, 웨이부쉬(Robert Weisbuch)와 에머리(Allan Emery)는 이 부분에서 공허한 감상의 극치를 본다. 슐만은 변호사가 자신과 사회에 대한 아무런 통찰력도 얻지 못하고 바틀비의 반발의 의미도 이해하지 못한다며 자신에 대한 연민의 감정을 볼 수 있을 뿐(22)이라고 주장한다. 그러나 변호사는 자신이 인간애를 잊는다면 자신의 예술도, 자신도 죽음에 이르게 될 것임을 인식하고 마지막 순간에 바틀비의 이름을 인간애와 연관짓게 되는 것이다. 바틀비에게서 평범한 인간성을 볼 수 없다고 주장하던 그가 마지막에는 그의 행동의 의미를 인간애의 구현으로 연관지을 만큼 성숙하게 된다.

멜빌은 그의 단편 「바틀비」에서도 당대 전형적인 예술가인 화자의 의식의 갈등을 통해 당대 사회를 비판하는 한편 그를 헤쳐 나갈 비전을 이상적인 예술가 바틀비의 여정을 통해 완숙한 예술형식으로 제시하였음을 살펴보았다.

<참고문헌>

Arvin, Newton. *Herman Melville*. London: Metheun and Co., Ltd., 1950.
Barber, Partricia. "Two New Melville Letters", *American Literature 49* (November, 1977): 418-21.
Booth, Wayne C. *The Rhetoric of Fiction* (2nd ed). Chicago: the University of Chicago Press, 1983.
Chase, Richard. *Herman Melville: A Critical Study*. New York: Macmillian, 1949.
Clark, Michael Clark. "Witches and Wall Street:Possession Is Nine-Tenths of the Law", *Herman Melville's Billy Budd, "Benito Cereno", "Bartleby the Scrivener", and Other Tales*. Ed. Harold Bloom, New Haven: chelsea House Publishers, 1983.
Dillingham, William B. *Melville's Short Fiction 1853-1856*. Athens: the University of Georgia Press, 1977.
Felheim, Marvin. "Meaning and Structure in Bartleby", *Bartleby, The Inscrutble*. Ed. M. Thomas Inge. Hamden: Archon Books, 1979.
Fogle, Richard Harter. *Melville's Shorter Tales*. Norman; Oklahoma UP, 1960.
Franklin, H. Bruce. *The Wake of the Gods*. Standford: Standford UP, 1963.
Gupta, R.K. "Bartleby: Melville's Critique of Reason", *Indian Journal of American Studies* 4(June and December, 1974): 66-71.
Herbert, Smith, H. The *Wake of the Gods*, Standford: Standford UP, 1963.
Lawrence, D. H. *Studies in Classic American Literature*. Penguin Books, 1923.
Marcus, Modecai. "Melville's Bartleby as Psychological Double", *Bartleby, The Inscrutble*. Ed. M. Thomas Inge. Hamden: Archon Books, 1979.
Marx, Leo. "Melville's Parable of the Walls", *Sewane 61* (1953): 602-27.

McCall, Dan. *The Silence of Bartleby*, Ithaca: Cornell UP, 1989.

Melville, Herman. *Moby-Dick*. Eds. Harrison Hayford and Hershel Parker. New York: W. W. Norton, 1967.

_____. *Billy Budd, Sailor And Other Stories*. Ed. Harold Beaver. New York: Penguin Books, 1967.

_____. *The Letters of Herman Melville*. Eds. Merrell R. Davis and William H. Gilman. New Heaven: Yale UP, 1960.

Parker, Hershel. "The 'Sequel' in Bartleby", *Bartleby, The Inscrutble*. Ed. M. Thomas Inge. Hamden: Archon Books. 1979.

Riddle, Mary-Madeleine Gina. *Herman Melville's Pizza tales: A Prophetic Vision*. Goteborg: Acta Universitatis Gothoburgensis, 1985.

Samson, John. *White Lies*. Ithaca: Cornell UP, 1989.

Shulman, Robert. *Social Criticism & Nineteenth Century American Fictions*. Columbia: University of Missouri Press, 1987.

Springer, Norman. "Bartleby and the Terror of Limitation", *PMLA 80* (September, 1965): 410~448.

Stein, William Bysshe. "Bartleby: The Christian Conscience", *Melville Annual 1965, A Symposium: Bartleby the Scrievener*. Ed. Howard P. Vincent. Ohio: Kent State UP, 1966.

Thomas, Brook. *Cross-Examination of Law and Literature: Cooper, Hawthorne, Stowe, and Melville*. Cambridge: Cambridge UP, 1987.

Ⅵ. 반영극적인 기법을 통해 살펴본 「베니토 세레노」의 예술가들

『모비딕』이후 씌어진 「베니토 세레노」("Benito Cereno")는 노예제도를 반대하는 주요잡지였던 풋트남 지에 1855년 10월, 11월, 12월, 세 차례 연재되었다. 1940년대 이후 대부분의 비평가들은 이 작품의 예술성에 주목했다. 비평가들은 시점과 화자의 역할에 대해서는 의견을 달리하나 이 작품이 미국의 노예제도를 다뤘다는 점에는 동의한다. 라이트(Nathalia Wright), 브라운(Ray B. Browne), 캠벨(Campbell) 등 대부분의 비평가들은 작품 속에 한 가지 이상의 관점이 있음(Riddle 194)을 인식한다. 보통 들라노(Delano) 선장의 제한된 시점과 법정증언 장면의 시점을 볼 수 있다고 지적된다. 딜링햄의 경우는 이를 보고적인 관점, 공식적인 관점, 저자의 관점, 개인적인 관점 등 넷으로 나눈다.(242-43) 본 논문에서는 화자의 제한된 시점과 함축된 작가의 관점이 교묘하게 교차해 나가는 것으로 본다. 저자는 진상을 파악하고자 고뇌하는 바첼라즈 딜라이트(Bachelor's Delight) 호 들라노 선장의 마음을 비추고 또한 풍자함으로써 독자가 화자의 제한된 시점을 벗어나 적극적으로 산도미닉(San Dominick) 호 사건, 즉 바아버(Babo)의 노예반란 사건을 해석하도록 유도한다.

「베니토 세레노」의 중심플롯은 극중극들, 즉 흑인 노예 바아버가 세레노(Cereno)선장을 면도해주는 장면과 법정증언 장면으로 이뤄지며 이들을 통해 산도미닉 호 사건을 해석할 수 있는 단서를 찾을 수 있다. 흔히 법정장면은 작품의 예술성에 결함을 가져오며 다른 장면과 연관성을 찾을 수 없는, 불필요한 부분(Fogle 117)이라는 비판을 받으나 흑백의 위치가 대조되는 것 이외에는 바아버의 면도장면과 같은 상황을 다루는 극중극이다(Sundquist(1987) 98-9, Thomas 103, Dillingham 251). 이 극중극들은 들라노 선장의 언어를 표절한다는 평을 들을 정도로 그의 노예반란 이야기를 반영하며(Sundquist(1987) 84) 그의 신뢰할 수 없는 특성을 제시해 준다. 노예반란 사건에 대한 들라노의 해석처럼 법적인 견해는 편파적이므로(Thomas 269) 법정에서도 산도미닉 호사건의 진상을 파악하지 못한다. 이들 극중극들이 상호 반영됨으로써 복잡한 상황을 풀어낼 열쇠 역할을(Sundquist(1987) 94)하게 된다. 따라서 이를 통해서 들라노의 생각들이 뚜렷이 비춰지고 바아버의 여정이 선명하게 제시된다.

콜더우드(James L. Calderwood)에 의하면 반영극은 극의 주제뿐 아니라 극 예술전반에 관한 원리, 극의 소재, 무대 및 언어 등의 매체, 이들을 처리하는데 수반되는 창작고충 등을 작품을 통해 노출시키면서도 이들을 플롯에 융합시켜 비유적으로 표현하는데 이와 같이 극의 허구성은 그대로 유지시키면서 극 예술자체를 반영하는 극(황계정 11)이라고 한다. 따라서 이 기법은 작가가 집필과정에서 느끼게 되는 창작고충을 제시하는 중요한 방법으로 화자 들라노가 노예반란사건을 이해하고 해석하는 과정에서 느끼는 번민들을 통합함으로서 작품의 의미를 확대하는데 기여한다.

등장인물들이 극적인 인식을 하며 인생자체를 하나의 연극으로 파악하는 본 작품에는 부조리 희극이 상연되는 것 같다(Magowan 346)고 지적될 만큼 연극적인 기법이 많이 쓰인다. 가령 일정한 간격으로 종을 치고, 도끼를 가는 노인들, 노래 부르는 여자 노예들, 바닥에 앉아서 뜨개질하고 있는 노파들, 밧줄을 푸는 노인들, 뱃밥을 만드는 사람들, 쇠사슬에 묶인 노예, 아트풀(Atufal) 등이 연극장면처럼 소개된다. 독자들은 연극의 관중역할을 맡은 것으로 묘사되고 극중극들에서 극적인 특성이 더욱 뚜렷이 드러난다. 산도미닉 호는 이상한 가면무도회가 펼쳐지는 무대 같으며(Dillingham 251) "일부러 꾸민 연극조의 표정을 짓는"(268) 세레노는 실제보다 높은 역할을 맡는다. 들라노는 "특별 관람석에서 일층의 자유석을 내려다보듯이 그의 시선을 끊임없이 그의 아래, 앞쪽에 있는 기이한 군중들에게 던지고"(257) 수로 안내인 역할을 하며 모든 등장인물들이 관찰된다고 한다. 또한 바아버는 세레노에게 어떤 역할을 맡아 무슨 이야기를 해야 할지를 위협적으로 지시하는 연출가의 특성을 보여주기도 한다.

「베니토 세레노」는 노예제도의 발단과 이것이 신세계에 유입된 과정, 미국과 라틴 아메리카 등에서 일어난 민주혁명들, 1850년대 미국법정에서의 노예제도를 지지하는 타협안의 통과, 그로 인한 논란들, 증대된 노예반란에 대한 미국인들의 위기의식과 두려움 등을 포괄적으로 다룬다.(Sundquist(1986) 94) 노예제도를 불법으로 규정하고 노예무역법을 폐지하는 등 이를 역사적으로 청산하고자 한 유럽 국가들과 달리 1850년대 미국에서는 노예제도가 급속히 팽창한다. 당시 법정은 재판이라는 법적인 절차를 거쳐 이러한 인간에 대한 비인도적인 행위를 합법화시킴으로써 오히려 노예제도가 확대되는데 기여하게 된다. 따라서 미국의 민주주의는 과거 봉건제도의 경우처럼 정의와 평등을 이룩한다는 명분하에 인간을 희생시키게 되는 자가당착적인 결과를 낳게 된다.

노예제도가 상징하는 바, 그 당대 사회모순에 대한 예술가들 즉 산도미닉 호의 흑인선원 바아버와 바첼라즈 딜라이트 호 선장 들라노의 반발과 고뇌를 다룬 「베니토 세레노」의 소재가 된 것은 들라노(Amasa Delano)가 1817년에 쓴 『남반구와 북반구 항해기』(*A Narrative of Voyages and Travels in the Northern and Southern Hemispheres*)이다. 이 작품은 1799년 산토도밍고섬에서 일어난 흑인노예반란사건에 대한 페루법정의 재판을 다룬다. 「베니토 세레노」에서 바아버의 진실탐구 작업은 인간을 노예화하는 세력에 대항하고 그 영향력에서 벗어나고자 노예반란을 일으키는 여정으로 압축된다. 반면에 문제를 인식하면서도 결국 노예제도를 지속시키는 데 기여하게 됨으로써 빚어지는 당대 지식인의 고뇌는 예술가 들라노의 창작과정을 통해 제시된다. 다시 말해서 들라노는 산도미닉 호 사건을 겪고 난 뒤 그 의의를 전달하기 위해 집필과정에 전념하게 되나 의도와 달리 바아버의 길은 죽음의 길로, 반면에 자신의 여정은 삶에 이르는 길로 주장하는 결론에 이르게 된다. 따라서 그는 번민하게 된다. 창작과정에서 그가 느끼는 고통은 자신이 다루기 힘든 매체에 직면해서 작가로서의 자의식을 느끼게 되는 것으로 설명할 수 있으며 이러한 자의식이 작품에 반영된다. 산도미닉 호 사건에 대한 들라노의 해석은 기존 이데올로기를 유지하기 위해 자주 산토도밍고 반란을 인용하던 미국지식인들의 일반적인 경향을 대변한다. 가령 제퍼슨(Thomas Jefferson)은 산토도밍고에서 일어난 혁명과 유사한 것이 다시 발발하는 것을 막기 위한 예방책이 필요하다고 주장하며 그러한 반란이 확산될 것을 우려한다. 스토리(Story)같은 법관도 이 사건은 우리에게 폭력적인 반란의 방법이 아니라 합법적인 수단으로 노예제도가 폐지되어야 한다는 교훈을 준다고 주장한다.(Sundquist(1986) 103) 그들은 노예제도를 비난하면서도 노예해방보다는 국가의 안정이 더 중요하다는 모순된 논리를 펴게 된다.

2.

두 극중극들의 유사점을 구체적으로 살펴보도록 하겠다. 바아버가 연기하는 면도장면은 "이발사 놀이", 혹은 "속임수 연극"으로서 배우들은 노예반란이라는 팬터마임을 벌이는데 그 세부묘사들은 재판장면을 연상시킨다. 백인 세레노는 사형수 역할을 하고 사형집행인으로 묘사되는 바아버는 재판관 역할을 담당한다. 중세의 고문장치 같은, 바아버가 면도해 줄 때 세레노가 앉았던 의자, 재판관의 고문대 같은 선실의 긴 의자들, 무시무시한 형틀을 닮은 팔걸이의자 등에서 볼 수 있듯이 법정의 소도구들로 면도장면이 묘사된다. 면도해줄 때 사용하는 에이프런으로 세레노에게 두른 스페인 국기는 재판 중에 이단의 희생자가 입었던 화형 복을 의미한다.(Bernstein 125) 산도미닉 호 뱃머리를 장식했던 아란다(Aranda)의 두개골도 재판을 받고 처형된 바아버의 두개골과 병치된다. 또한 법정장면이 소개된 후에 "문이 갑자기 열어 젖혀진 지하 매장실처럼 산도미닉 호의 선창이 열렸다"(304)는 구절에서 선창은 법정장면을 상징하며 여기서 쓰지 않은 재단기가 발견됨으로써 결국 재판과정은 합법적으로 인간을 희생하는 야만적인 의식(Riddle 96)임을 알 수 있다. 따라서 "의식적인 처형, 인간의 희생, 고문실"을 상징하는 면도장면(Putzel 204)은 법정장면과 긴밀하게 연관된다. 바아버가 세레노를 면도해주는 장면은 전복적인 관점에서 기존질서를 반향하는 반면에 법정장면은 노예반란으로 전복된 기존권위를 회복하게 된다는 차이점만이 있다.

법정장면은 세레노의 공개 증언형식으로 이뤄진다. 여기서 진상을 밝히는 듯하나 많은 부분이 배제된다. 소송절차에 포함시킨 자료는 스페인의 공식문서 중 일부를 선택해서 편파적인 해석을 한 것이므로 모든 자료를 받은 것도, 또한 그 문서를 완벽히 해석한 것도 아니다. 세레노의 증언은 기침으로 중단되며 그는 재판관들의 질문을 받고 기절하는 등 진상을 옳게 밝히지도 않는다. 또한 자신의 기억이 정확하지 않다고 인정하듯이 모호한 증언을 한다. 이보다 앞서서 산도미닉 호에 승선하여 그 실상을 파악하려는 들라노 선장의 질문에 대한 세레노의 대응도 똑같은 패턴을 보여준 바 있다. 재판관들도 증언자가 헛소리를 한다고 불신하나 결국 세레노의 증언을 받아들인다. 따라서 드라이든, 위드머(Kingsley Widmer) 등 대부분의 비평가들은 법정에서 내린 결론에 의문을 표한다.

그러면 반영극적인 기법으로 드러나는 산도미닉 호 사건의 진상을 살펴보도록 하겠다. 『모비딕』에서 피쿼드 호 선원들은 고래 이빨에 고래나 고래잡이의 그림을 새겨 상아세공품들을 직접 제작해내는 예술가들이기도 하다. 마찬가지로 산도미닉 호의 선장 세레노에게 면도를 해주는 장면에서 조각가로 묘사되는 바아버는 아합 유형의 예술가로서 특히 뛰어난 지도력과 정신적인 에너지가 넘쳐흐른다는 점에서 그와 유사하다.(Wadlington 125) 산도미닉 호 사건에 대한 비평가들의 의견은 상반된다. 화자인 들라노 선장은 바아버의 모습을 함축적으로 산도미닉 호의 문에 새겨진 "복면을 한 검은 사티로스(Satyr: 주신 바커스 Bachus를 따르는 반인반수의 신)가 마찬가지로 가면을 쓴, 고통으로 온몸을 뒤틀며 땅위에 내동댕이쳐진 인물의 목 부분을 발로 밟고 있는"(220)그림 장면으로 사회질서를 회복하기 위해 오히려 제거해야 할, 악마적인 인물로 묘사한다.(Dillingham 232) 이 그림은 천사장 미가엘

(Michael)이 괴물을 살해하는 라파엘(Raphel)의 그림을 연상시키기 때문이다. 따라서 비평가 윌리엄스(Stanley T. Williams), 포글, 쉬프만(Joseph Schiffman) 등은 바아버를 악마와 같은 인물로 평한다. 반면에 이는 아이러닉하게도 오히려 들라노의 특성임은 노예반란 사건이 재현되는 장면, 그가 자신의 "왼손으로는 실신하여 쓰러져 말도 못하고 있는 돈 베니토의 상태에 개의치 않고 어느 정도 눕혀져 있던 그를 다시 손으로 움켜쥐고…반면에 오른 발로는 땅위에 내동댕이쳐진 흑인을 짓밟는"(283) 장면에서 드러난다. 이는 배의 문에 새겨진 그림이 갑자기 현실에서 극적으로 제시되는, 즉 노예반란 사건이 재현되는 장면이다. 바아버는 들라노가 그 구심점에 있는 모순적인 현실을 시정하고자 반란을 일으킨 것이다. 이와 같이 기존 현실의 중심부에 위치해 있는 들라노의 특성은 다음 에피소드에서 간접적으로 제시된다. 노예 반란이 일어난 상황에서 바아버가 세레노에게 칼을 겨누지만 들라노는 바로 자신이 공격받고 있다고 두려워하게 된다는 점에서 그는 세레노와 서로 '더블' 관계임이 함축적으로 제시된다. 즉 그의 더블인, "혼수상태에 있는 몽유병자 같은 흰 제비 갈매기"(220)로 묘사되는 세레노의 모습을 통해서 들라노는 모순된 현실을 대변하고 있음을 알 수 있다. 멜빌 작품들에서는 주요한 상징들이 같은 의미로 쓰이는데 가령 『모비딕』에서 새는 현실을 대변하는 고래와 같은 의미로 쓰였다는 점을 상기해 볼 때 이러한 들라노 선장의 특성이 드러난다.

바아버에 대해 긍정적으로 평가하는 비평가들의 예를 들면 다음과 같다. 글릭스버그(Charles Glicksberg)는 바아버를 타고난 지도자로, 가트만(Allen Guttman)은 도덕적인 부패에 대항하는 유일한 인물로, 갤로웨이(David D. Galloway)는 흑인 예수로, 아들러(Joyce Sparer Adler)는 뛰어난 지성을 지닌 심리학의 대가, 전략가, 장군, 시인, 극작가, 극단 감독의 특성을 지닌다고 본다. 비평가 레이(Richard E. Ray)는 동료들을 위해 싸우는 숭고한 지도자로, 필킹턴(Pilkington)은 사람들을 노예상태에서 벗어나게 하는 프로메테우스같은 인물로 평가한다.(Riddle, 76) 바아버의 '끄나풀' 역할을 하는, 몸이 쇠사슬에 묶인 아트풀을 통해서도 그에 대한 저자의 시각을 유추해 볼 수 있다. 아트풀은 "나일 강의 황소"(258)로 묘사되는데 이는 이집트인들의 신 이었던 황소 아피스(Apis)를 의미한다. 그가 자신의 길을 따르는 것이 진정한 삶의 방법임을 가르친 대중의 지도자였다는 점(Riddle 194)에서 작가는 바아버에게 긍정적인 특성을 부여하고 있음을 볼 수 있다.

설명이 극도로 자제된 멜빌 작품에서 장소의 의미를 규명해보는 것은 주제를 이해하는데 아주 긴요하다. 「베니토 세레노」에서 산도미닉 호와 바첼라즈 딜라이트 호는 각기 구세계와 신세계를 상징하며 이는 또한 바아버와 들라노의 세계관을 대변한다.(Putzel 168) 따라서 바아버의 세계관을 이해하기 위해서 산도미닉 호의 특성을 살펴보는 것이 필요하다. 이 배의 선원들은 흑인에 대한 신의를 지켜야 한다는 이야기를 반복해서 듣는데 이는 사회 희생자들 편에 서 있는 그들의 세계관을 보여주는 것이다. 바아버 일행은 산도미닉 호의 이상을 실현하기 위해 반란을 일으킨 것이다. 산도미닉 호라는 배이름이 함축하듯이 바아버의 노예반란 사건은 프랑스 혁명정신을 실현하기 위해 1799년 산토도밍고에서 일어난 흑인노예 반란사건과 긴밀히 연관된다.(Thomas 105) 이러한 의미를 함축적으로 제시하기 위해서 멜빌은 산토도밍고 혁명과 일치되게 1799년으로 작품의 시대배경을 정한 것으로 볼 수 있다. 산토도밍고는 콜럼버스가 처음 착륙한 장소일 뿐 아니라 로마황제 찰스 5세(Charles V)의 허락으로 대규모의 노예가 최초로 수입된 곳이기도 하다.

반면에 화자 들라노는 바아버의 반란을 피해야할 길로 강조하기 위해서 산도미닉 호를 죽음의 세계로 묘사한다. 가령 선체는 영구차처럼 흔들리며 배의 종은 음산한 교회 공동묘지의 깨진 종처럼 울린다고 어둡게 묘사한다. 또한 납관된 시체의 눈처럼 완전히 닫혀버린 배의 채광창, 석관의 뚜껑처럼 틈새가 모두 메꿔져서 굳게 닫혀있는 선장실 문 등을 제시한다. 산도미닉 호와 그 선원들을 도미니크 수도회와 연관시켜서 묘사하는 점에서도 이 배에 대한 화자의 입장을 알 수 있다. 세레노는 대수도원장으로, 선원들은 수도원의 회랑을 왔다 갔다 하는 도미니크 수도회의 수사들로, 바아버는 프란체스코회의 수사로 묘사된다. 찰스 5세로 하여금 흑인 노예무역을 합법화 시키도록 한 사람은 도미니크 수도회 성직자인 바돌로매(Bartholomew)였다는 사실이 함축하듯이 화자 들라노는 오히려 노예제도를 옹호하는 사회로 산도미닉 호를 왜곡되게 설명하는 것이다.

　노예반란 사건이 일어나게 된 동기를 바아버라는 개인의 결함에서 찾는 화자의 입장은 바아버 뺨의 상처에 대한 태도에서 단적으로 드러난다. 즉 세레노를 면도해 주는 과정에서 위협적인 행동을 해서 선장의 감정이 폭발했기 때문에 바아버가 얻게 된 상처라는 것이다. 따라서 이를 비평가 파퍼드(Ward Pafford), 왓킨즈(F. C. Watkins), 카드웰(Guy A. Cardwell)등은 바아버가 자신이나 동료에게 가하는 정신적인 상처를 상징한다고 평한다(Riddle 193). 반면에 함축된 작가는 이 메타포를 통해 사회모순에 의해 상처를 입은 개인의 처지를 드러낸다. 「모비딕」의 아합 선장의 경우도 벼락을 맞은 결과로 보이는 흉터가 목과 얼굴에 있다고 묘사됨으로써 사회의 희생양으로서 개인의 상황을 압축적으로 제시한 바 있다. 이렇게 개인이 희생당하는 상황이 그 당시 보편적인 특성이었음은 산도미닉 호에 대해 "뇌우(천둥소리와 번개를 수반하는 일시적인 폭풍)가 지나고 난 뒤의 회반죽을 바른 것 같고 피레네 산맥의 거무스름한 벼랑위에 자리 잡고 있는 수도원처럼 모습을 나타낸 다"(219)라고 묘사하는 구절을 통해 알 수 있다. 멜빌 작품에서 번개와 폭풍우는 개인에 위협적인 현실, 즉 개인에게 가해지는 폭력을 대변하기 때문이다. 가령 「피뢰침 사나이」에서도 번갯불은 "무시무시할 정도로 빠른 칼"(Fisher 120)로 묘사되고 폭풍우의 특성은 날카로운 칼 모양과 전쟁 이미지로 제시된다.

바아버 일행은 부조리한 현실을 해결하기 위한 방책으로 노예반란을 일으킨다. 모순적인 사회를 대변하는 들라노의 배에 위험을 무릎 쓴 채 뛰어들음으로써 그 문제를 직접 해결하려는 것이다. 따라서 노예반란은 그들이 들라노 선장의 배에 뛰어드는 순간에 일어나는 것으로 볼 수 있다. 이러한 산도미닉 호 사건의 진상에 대해 들라노는 "배의 모습이 실재하지 않는 것으로 보인다. 이상한 옷차림들, 몸짓들, 얼굴들은 지금 막 깊은 곳에서 출현한 어슴프레한 정경이며 즉시 원래 있었던 곳으로 틀림없이 되돌아 갈 것이다"(221-22)라며 이를 끝까지 밝히기를 주저한다. 결국 마지막 부분에 이르러 이는 "순간적인 계시 장면"(284)으로 드러난다. 『모비딕』에서 아합 선장의 고래 추적 과정이 마지막까지 지연된 뒤 마지막 세 장에서 간략하게 다뤄지는 것처럼, 「베니토 세레노」의 경우도 클라이맥스 장면에서 짧게 노예반란 사건이 담긴다. 공포에 질린 스페인 선장, 세레노가 바첼라즈 딜라이트 호의 포경보트에 뛰어든 뒤에 바아버가 손에 검을 쥔 채 따르며 이때 순종적인 노예의 가면이 벗겨지고 그의 반란계획이 드러난다. 모든 노예들이 자신들의 가면을 찢어버린 채 도끼와 칼들을 휘두르는데 바로 그 순간 들라노의 눈에서도 가면이 벗겨져 그는 반란을 목격하게 된다. 노예반란은 들라노가 그 구심점에 있는 모순된 사회에 대항해 일어난 것임은 앞서 살펴본 바와 같이 들라노가 자신의 "왼손으로는 실신하여 쓰러져 말도 못하고 있는 돈 베니토의 상태에 개의치 않고 어느 정도 눕혀져 있던 그를 다시 손으로 움켜쥐고…반면에 오른 발로는 땅위에 내동댕이쳐진 흑인을 짓밟는"(283) 장면에서 드러난다. 바로 이때 산도미닉 호 뱃머리를 장식하는 것이 아란다의 두개골이라는 사실도 밝혀진다. 이는 콜럼버스 심상을 대신한 것으로(Fogle 156) 이 반란은 미국의 이상을 실현시키기 위한 불가피한 폭력행위로 저자는 파악하고 있음을 알 수 있다.

노예제도와 흑인에 대한 당대의 왜곡된 견해를 대변하는 들라노는 그가 목격했던 선상반란사건을 노예들이 갑자기 폭력적인 행동을 한다고 간략히 서술하며 이를 악몽같은 비현실적인 체험으로 호도한다. 또한 반란사건의 진상을 파악하기 위해서 중요함에도 몇몇 대화 장면을 제외하고는 바아버 등 흑인들의 관점이 들라노의 이야기에서는 배제된다.(Thomas 99) 의도와 달리 결국 진실을 밝히기를 망설이게 되는 화자의 특성은 노예반란사건에 대한 설명부분, 특히 흑인 인물묘사에 있어서 논리적인 일관성을 잃게 된다. 가령 들라노는 흑인들을 모순된 상황에 저항할만한 용기와 지혜가 없는, 우둔한 존재로 묘사해왔으나 이들은 고국으로 돌아가기 위한 계획을 세워 이를 적극적으로 실행해 나간다. 그들은 처음 바첼라즈 딜라이트 호를 본 후 들라노 선장이 자신들의 배에 승선한 두 세 시간동안 반란계획을 세운다. 또한 화자는 새끼 사슴, 양, 비둘기 등의 유순한 동물로 흑인을 묘사하다가 노예반란 장면에서는 절망 속에서 싸우는 야수들로 그들을 그리는 등, 일관성 없는 메타포를 사용한다. 아울러서 『모비딕』의 "대함대" 장에서 거대한 고래 무리 한가운데서 한가로이 아이들에게 젖먹이는 어미고래들 모습을 묘사했던 것처럼 들라노는 산도미닉 호 선상에서 아이에게 젖 먹이던 흑인여성을 암사슴에 비유하며 그녀를 사랑이 가득하고 평온한 모성의 이미지로 묘사한다. 하지만 흑인여성들도 남성 못지않게 노예반란

Ⅵ. 반영극적인 기법을 통해 살펴본 「베니토 세레노」의 예술가들　149

사건에 적극 참여한다. 가령 산도미닉 호 사건 중에 흑인 여성들은 칼이 부딪치는 소리와도 같은 노래를 엄숙하게 불렀으며 이러한 우울한 곡조들이 반란에 참여하도록 자신들의 마음을 자극했다고 흑인들이 직접 토로한 바 있다.

법정장면의 마지막 부분에서도 몇몇 백인들, 즉 스페인사람들이 흑인과 공모했다고 믿었기 때문에 미국인들이 스페인사람들을 죽였다고 언급된다. 이는 독자적인 행동을 하지 못하는 어리석은 존재라는 흑인에 대한 들라노의 전형적인 견해와 어긋난 발언이다. 따라서 들라노 선장이 노예반란을 진압한 백인들의 행위가 불가피하다고 주장해 나갈수록 그의 논리적인 모순들이 더욱 분명히 드러나므로 사건의 진상에 대한 의문이 오히려 증대된다.

> 백인들은 또한 본래 더 명민한 인종이었다. 악한 계획을 세우고 있는 사람은 자신의 사악함을 파악하지 못하는 우둔한 사람에 대해서는 좋게 말하고 그런 점을 인식하는 지혜로운 사람에 대해서는 헐뜯지 않겠는가? 아마 있을 수 없는 일은 아니다. 그러나 백인들이 돈 베니토에 관해 비밀을 숨기고 있다면 돈 베니토는 어떤 식으로든 흑인들과 공모했을 수 있겠는가? 그러나 그들은 너무 어리석다. 게다가 지금까지 흑인들과 결탁하여 백인에게 저항함으로써 바로 자신들의 종족으로부터 버림받았던 백인 변절자에 대한 이야기를 어느 누구라도 들어본 적이 있었던가? (254)

노예반란사건에 대한 화자 이야기의 이러한 한계점을 저자는 '밧줄의 매듭'이라는 메타포를 통해서도 제시한다. 흑인들에 대해 "가닥꼬임이 풀린 낡은 밧줄을 각각 손에 들고, 스스로 만족해하며 강한 극기심으로 그 낡은 밧줄을 풀어서 뱃밥(낡은 밧줄따위를 풀어서 만든 섬유조각)을 만들고 있었다"(222)라고 묘사하는 구절에서 볼 수 있듯이 그들은 매듭을 자르는, 다시 말해서 나름대로 해결책을 강구한다. 반면에 들라노 선장은 나이든 노인이 매듭을 대충 살펴본 뒤 코웃음 치며 이를 뱃전 밖으로 내던져버리듯이 현실의 모순에 고뇌하나 결국 이에서 도피하게 된다. 더 나아가서 그는 매듭을 자른다는 것은 자살행위와 마찬가지라며 자신의 해결방식을 합리화 한다.

들라노가 본래 목적대로 이야기를 전개해 나갈 수 없게 되는 것은 예술가들이 주어진 소재를 가지고 자신의 의도에 맞게 창작하는 과정에서 얼마나 많은 고통을 겪게 되는가를 암시해준다. 들라노의 이야기는 노예반란사건을 포함하면서도 극적인 형식으로 이를 통제함으로써 결국 배제하게 되고 이 사건에 대한 등장인물과 독자의 이해도 통제한다. 따라서 셰익스피어의 『한여름 밤의 꿈』(*A Midsummer Night's Dream*)에서 잠에서 깨어나 정신을 가다듬고 독백하나 꿈의 내용을 단 한마디도 밝히지 못하는 바텀(Bottom)을 바로 들라노의 모습으로 비교할 수 있다. 바텀은 꿈의 내용을 대단히 소중한 체험으로 파악하고 있기 때문에 이를 연극으로 꾸미겠다고 말하면서도 그 내용은 한마디도 전달하지 못하며 결국 극의 총괄적인 극작가인 저자에 의해 연극화된다.(황계정 95, 97) 마찬가지로 들라노 선장은 진지한 문제의식을 지녔던 지식인으로서 노예제도의 문제점을 인식하면서도 자가당착적인 결론을 내리곤 하는 자신의 한계에 번민하며 이를 자신이 "먼 나라의 성에 감금된 것 같다"(252)라고 토로한다.

산도미닉 호 사건을 해석하는 들라노의 논리에서 자신의 주장을 합리화하기 위해서 종교를 이용하는 특성을 볼 수 있다. 또한 그는 산도미닉 호 사건의 진상을 드러내기 보다는 중요한 점은 배제하고 가능한 세부적인 사항을 묘사하는데 주력하게 된다. 결국 들라노는 "이것은 이상한 배이다. 이야기도 기묘하고 배에 승선한 사람들도 기이하다. 그러나 그 이상의 것은 아니다"(257) 라는 결론을 내리게 된다. 양심적이고

자비롭다는 미국인, 들라노는 결국 바아버의 반란사건의 의미를 이해하지 못한다. 그는 인도주의 이상을 지녔음에도 인종적인 편견으로 산도미닉 호 사건의 실상을 파악하지 못하고 마는 것이다.(Dillingham 248) 따라서 스스로 지니고 있다고 자부심을 갖고 있는 인간평등에 대한 신념, 민주적인 정신은 들라노 자신의 인종 차별의식으로 손상되며 창작과정에서 오히려 그는 이런 자신의 관점을 합리화하는데 주력하게 된다. 결국 들라노 선장은 산도미닉 호 사건을 그릇되게 해석함으로써 자신이 구원된다는 아이러닉한 주장을 하게 되며 이를 섭리에 의한 것으로 설명한다. 이러한 들라노의 입장은 남북전쟁 전에 노예제도를 합리화하던 기독교인들의 견해를 연상시킨다.

> 네, 모든 일이 신의 섭리 덕택이라는 것을 저는 압니다. 그날 아침 보통 때 보다 기분이 유쾌했어요. 실제보다 더 뚜렷하게, 그렇게 심하게 고통스러운 광경이 연민, 깊은 동정심, 그리고 자비심이 적절히 서로 뒤섞여 있는 나의 착한 심성에 부딪혀 왔어요. 만약 그렇지 않았으면 의심할 여지없이 당신이 넌지시 비춘 것처럼 내 간섭들 일부는 아주 불쾌한 결과를 가져왔을 것이에요. 더구나 때때로 격렬한 감정이 다른 이들의 목숨을 구하지 못하고 자신을 희생시킬 수 있을 때 내가 말한 이 같은 감정을 지니고 있었기 때문에 순간적으로 생겨난 의혹을 나는 이겨낼 수가 있었어요.(305)

시험을 거쳐 자신이 구원받았다는 들라노의 주장과 달리 함축된 작가는 두려움에 떠는 그의 모습을 아이러닉하게 제시한다. 그는 이상주의자로서 자유를 원하면서도 혁명이 계속되는 것은 두려워하는(Sundquist(1986) 103) 모순을 보인다. 들라노 선장의 이런 특성은 자주 눈을 감거나 몽유병자처럼 얼빠진 눈으로 세레노를 물끄러미 바라보다가 결국에는 갑판 위로 시선을 떨어뜨리고 흑인 두 사람이 선원을 공격하는 모습에 두 손으로 얼굴을 가리는 장면 등에서 볼 수 있다. 따라서 그는 활력이 없는 약한 인간으로 위험에 처해서 아주 치욕적인 행동을 할 수 있는 바보, 겁쟁이(Stein 226)로 평가된다. 결국 들라노는 두려움 때문에 현실을 외면하고 도피함으로써 산도미닉 호 사건에서 살아남을 수 있었던 것이다. 따라서 그는 직접적인 현실대면을 피하는 전형적인 지식인으로서 『모비딕』의 이스마엘, 「바틀비」의 변호사와 유사하고 볼 수 있다.

자신의 주장과 대조적인 들라노 선장의 실상은 그의 더블인 세레노와의 관계에서 보다 확실히 드러난다. 들라노는 산도미닉 호 반란사건에 자신이 연루되었음을 가능한 밝히지 않으려고 세레노라는 인물을 설정한다고 볼 수 있다. 이는 『모비딕』에서 이스마엘이 고래를 추적하기 위해 포경보트에 뛰어내리는 장면에서 겁을 먹고 망설였던 자신의 모습을 담기보다는 대신 핍이라는 흑인 소년을 등장시키는 것과 유사하다. 밀러(Miller), 브로피(Brophy), 필립스(Phillips), 만델(Mandel) 등의 비평가들은 세레노가 바아버의 더블이라고(Dillingham 269) 주장했으나 본 논문에서는 들라노의 더블로 본다. 좀 더 구체적으로 그 이유를 살펴보면 다음과 같다. 들라노는 스페인 영해를 가끔 항해한 덕분에 스페인어로 자유로이 대화를 나눌 수 있으며 바르바도스(Barbadoes; 서인도제도 중의 소 안틸제도 동부의 섬: 영연방에 속하는 독립국)의 한 농장 주인과 흑백혼혈 문제에 대한 이야기를 나눴다고 한다. 바르바도스는 가혹한 법에 의해 통치됐던 지역으로 악명이 높았던 곳이다. 따라서 위 에피소드에서 들라노가 노예무역에 관여해왔음을(Riddle 196) 함축적으로 제시한다는 점에서 노예선 선장 세레노와의 연관성을 찾을 수 있다. 또한 들라노는 흑인 노예를 값어치 있는 화물로 보았으며 노예를 구입하는 대금으로 쓰였던 비단을 그의 배에 많이 싣고 있었다. 그는 바아버를 구입하겠다고 직접 제의하고 산도미닉 호와 함께 노예를 인양하는 것이 자신의 목적이라고도 밝힌다. 아프리카로 항해하는 것을 피하기 위해서 물 얻는 일을 연기하며 대신 스페인이나 다른 외국배를 만나 구조받기를 기대하는 세레노의 모습은 바로 산타마리아 섬에서 물을 공급받고도 떠나지 않은 들라노의 행동이다.

따라서 들라노의 이야기에서 세레노에 대한 묘사 부분은 진실에서 어긋나게 된다. 들라노가 그리는 세레노의 모습이 허상에 불과함은 '칼집 속이 텅 비어있는 검'이라는 메타포로도 제시된다. 가령 세레노는 사실 스페인 사람이 아니라 포르투갈 사람이다. 극단적으로 두려움을 느끼거나 스트레스를 받는 경우 사람들은 모국어로 말하기 마련이다. 그런 상황에서 세레노는 포르투갈어를 사용한다. 구체적인 예를 든다면 세레노가 바첼라즈 딜라이트 호의 포경보트에 뛰어내려 들라노의 발아래로 넘어지면서 격앙된 어조로 그의 배 쪽으로 말하나 보트에 타고 있던 사람들은 아무도 세레노의 말을 알아듣지 못한다. 즉 이때 노 젓던 포르투갈 선원이 "들라노 선장에게 스페인 사람이 하는 말을 잘 들어 두라고 소리를 질렀다"(283)라는 구절에서도 이러한 사실이 함축적으로 제시된다. 또한 바아버가 세레노의 가슴에 두 번째 검을 겨눌 때의 "스페인 사람은 거의 숨막혀 하며 헛되이 이를 피하려는 시도를 하고 있었다. 그는 쉰 목소리로 포르투갈 사람을 제외하고는 누구도 이해할 수 없게 앞뒤가 맞지 않는 말을 하였다"(283)라는 묘사부분에서 세레노의 말을 포르투갈 노잡이만이 이해했음을 알 수 있다. 세레노는 포르투갈어를 말할 줄 알았을 뿐 아니라 그와 선원들의 이름도 포르투갈어였다.(Riddle 192)

들라노의 더블로서의 세레노 역할을 고려해 볼 때 그가 포르투갈 사람이라는 배경은 노예제도를 결국 옹호하게 되는 들라노의 특성을 함축적으로 보여준다. 노예무역을 미국에 전한 것은 바로 포르투갈 사람들이었기 때문이다. 따라서 반란이 진압되고 난 뒤에도 갑판에 노예들을 쇠사슬로 묶을 수 있는 장비를 갖춘 노예 수송선의 선장, 세레노를 가혹하다고 들라노는 비판하나 아이러닉하게도 이는 바로 그 자신의 모습이다. 들라노는 큰 표범 잡이 배와 일반 무역선의 선장이라는 역할을 맡은 채 자신이 부정한 일에 관여해온 사실을 숨긴다. 들라노는 그들을 돕고자 하는 자비심 때문이 아니라 경제적인 이윤을 얻기 위해 산도미닉 호에 물과 식량을 제공하는 것이다. 그는 순진한 미국인이라기보다는 신세계의 이상을 실현하는 척하며 산도미닉 호와 그 화물을 인양하기 위해 면밀한 계획을 세우게 된다.

이러한 들라노 선장의 특성은 그의 배 바첼라즈 딜라이트 호를 통해서도 드러난다. 원래 이 배는 포경선이었으나 그 항로를 바꿔서 갈 짓자 형으로 운항한다. 이는 『모비딕』에서 시종일관 일직선상의 항로를 그려나갔던 피쿼드 호와 달리 고래추적과정 중 잃어버린 아들을 찾기 위해 그 항로를 바꾸게 됨으로써 갈짓자 형의 궤적을 그려나갔던 레이첼 호의 특성이기도 하다. 또한 『모비딕』에서 성실하게 모비딕 추적에 전념해 나가지 못했던 바첼라 호에 대해서 아합이 "당신들은 터무니없이 너무 흥청거린다. 계속 항해해 나가라"(408)라고 지적했던 것은 들라노 배에 대한 함축된 작가의 견해와 같은 것으로 볼 수 있다.(Fogle 33) 멜빌 작품들은 각 테스트 내에서 뿐 아니라 각 작품들 사이에서도 이와 같은 상호반영적인 특성을 보여주는 것이다. 따라서 시간을 오래 끌며 복잡한 운항을 하고 재난에 직면하면 의도적으로 정해진 코스를 취하지 않는 산도미닉 호에 대해 들라노가 "깊은 숲 속에서 길을 잃은 사람처럼 배가 지나온 길을 회항한 적이 한 두 번이 아니었다"(230)라고 묘사하는 부분은 오히려 바첼라즈 딜라이트 호에 더 해당되는 지적이다. 들라노가 산타 마리아 섬이 무법지와도 같다는 소문을 듣고도 물과 식량을 구입한 후에, 그 위험한 지역에 머무는 이유는 한밤중의 고기잡이, 즉 해적행위를 하려는 목적 때문이다. 따라서 그는 산도미닉 호를 처음 봤을 때부터 그 지역에 흔한 해적선이 아님을 알고 이에 많은 관심을 보이며 그 배에 승선해서 세밀히 관찰한다. 그가 관대한 선장으로 묘사되는 부분에서 여러 번 저자는 들라노의 물질적인 욕심을 제시한다. 가령 그의 자비로운 특성을 강조할 때마다 이는 오히려 산도미닉 호의 인양 권을 주장하기 위해 항구로 배를 정박시키는 방법과 그 경비 등에 대한 그의 생각이 묘사됨으로써 방해를 받는다.(Riddle 199) 반란을 억제하기 위해서 그는 선원들을 쉴 새 없이 바쁘게 만들고 그들에게 경제적인 보상을 해 줌으로써 선원들이 적극적으로 흑인 반란을 진압하도록 격려한다. 결국 그는 산도미닉 호의 화물이라 볼 수 있는 노예를 인양하는데 성공하게 된다.

> 보트들은 장비를 갖추고 단단히 준비했다. 들라노 선장은 선원들에게 보트에 타도록 지시했다…사략선의 승무원이었던 튼튼하고 다부진 일등 항해사가 그 일행의 선두에 서도록 임명했다. 선원들을 더욱 부추긴 것은 스페인 선장이 자신의 배가 난파된 거나 다름없고 배와 금, 은을 포함한 화물이 천 더블룬 이상의 값어치가 나간다고 말하는 것을 그들이 들었기 때문이다. 배를 나포하면 제법 많은 부분이 그들의 것이 될 것이다. 선원들은 큰소리로 화답했다. (285-86)

들라노는 산도미닉 호가 해적선일지 모른다고 두려워하나, 아이로닉하게도 바로 그 자신이 사략선 선장임이 암시되는 부분이 많다. 우선 배이름을 들 수 있다. 당시 졸리 바첼라(Jolly Bachelor)호로 노예무역을 해서 돈을 모은 패늘(Peter Faneuil)의 이야기는 유명했으며 바첼라호는 카울리(William Ambrose Cowley)의 유명한 영국 해적선 이름이기도 했다.(Thomas 108) 주도적으로 흑인들을 진압한 이 배의 항해사는 사략선의 승무원이었으며 전시에는 해적노릇을 했다고 한다. 들라노의 포경

보트, '로우버'(Rover)도 해적, 해적선, 사략선등에 쓰였던 이름이다. 이는 입에 흰 뼈다귀를 물고 있는 훌륭한 개들로 묘사됨으로써 해적선의 특성이 드러난다.(Riddle 92) 산도미닉 호에 승선할 때 들라노 선장의 선원들이 휘두르는 소총과 단도, 뒤에서 들리는 대포소리 등은 배를 약탈하려는 그들의 의도를 보여주고 선원들의 행동은 마치 해적들 같다. 또한 들라노는 다가오는 산도미닉 호를 보면서 일류의 스페인 상선으로 값나가는 흑인노예를 싣고 있다며 이를 보물 선에 비교하기도 하는 등 해적선 선장과 같은 특성을 보여준다.

들라노는 「바틀비」의 변호사처럼(Wadlington 32) 무의식적인 이중성을 보인다. 자신이 담당하고 있는 역할에 대해 정확히 인식하지 못하며 신중하고 처세술이 뛰어난 인물이다. 그는 여러 번 자신이 죽게 될까봐 두려워하고 산도미닉 호가 곧 폭발할 휴화산 같다며 걱정하는데 이런 두려움을 '분별력'으로 극복하게 된다. 들라노의 이런 특성은 그의 언어구사과정에서도 드러난다. 가령 그는 사건핵심을 꿰뚫을 만한 의미 있는 비유를 사용하기도 하나 재빨리 그런 생각을 중단한다. 이는 주저하며 진실을 밝히려고 애쓰다가 결국 기존 관점으로 현실을 파악하게 되는 그의 한계를 의미하는 것이다. 결국 그는 볼 능력이 없는 것이 아니라 볼 마음이 없는 것이다. 따라서 인식의 순간을 재빨리 거부하는 그의 모습은 자신의 말을 삼켜버린다는 세레노의 특성과도 같다. 들라노의 이야기에서는 이중부정의 표현을 많이 발견할 수 있는데 가령 그는 노예반란 사건의 진상을 제시하거나 이에 대한 판단을 내렸다가도 곧 이를 부정하는 특성을 보여준다.(Sundquist(1987) 97-98) 달리 말한다면 그의 의식이나 언어에 있어서 저항이 거의 이뤄지려하나, 즉 전복의 가능성이 제기되나 결국은 그렇게 하지 못하는 것이다. 따라서 노예제도의 실상을 인지하면서도 그것이 초래하는 비인간적인 특성에 대해서는 눈감으려 하기 때문에 결국 들라노는 개인을 억압하는 세력을 대변하게 된다. 이로써 그는 번민하게 되는 것이다.

3.

멜빌 작품들은 예술가의 진리탐구 작업이라는 보편적인 주제를 고도의 미학적인 기법으로 전개해나가는 공통점을 보여주는데 「베니토 세레노」에서는 반영극적인 극작수법을 주목해볼 수 있었다. 이는 연극의 플롯을 비유삼아 주제와 형식뿐 아니라 창작과정을 유기적으로 결합시키는 기법이다.

함축된 작가가 던지는 해석의 실마리를 통해 독자는 상상력을 동원해 이상적인 예술가 바아버의 여정을 파악하고 당대의 전형적인 예술가인 들라노의 창작고통들을 공감하게 된다. 이야기 내내 반향되는 '지도자를 따르라'는 말은 바아버의 진실탐구 작업을 따르라는 함축된 작가의 메시지이다. 주변의 모든 것을 보면서도 그 연관성을 파악하지 못하는 들라노와 달리 바아버는 점점 더 용기 있게 한 대상물을 집중적으로 응시한다. 이는 모순된 현실의 문제를 해결하기 위한 목적에 일관되게 전념하는 바아버의 특성을 보여주는 것이다. 우선 바아버의 여정에 대한 저자의 긍정적인 평가는 그가 이끄는 산도미닉 호 세계를 풀이라는 메타포로 묘사함에서 볼 수 있다. 처녀작 『타이피』에서부터 풀은 풍요를 의미하는 중요한 상징이었으며 여기서도 구원의 힘을 상징한다. 가령 들라노 선장은 조각이 새겨진 배 난간에 기대 선 채 장식용 리본 모양의 풀들이 배의 홀수선을 따라 길게 나부끼는 모습, 해초가 자라고 있는 정원과 같은 모습 등을 보게 된다.

또한 산도미닉 호를 에스겔(Ezekiel, 기원 전 6세기의 대 예언자)의 비전과 연관지음에서도 이런 특성을 볼 수 있다. 산도미닉 호에 대해 "용골이 놓여지고 배의 늑재(용골에서 위쪽이나 바깥쪽으로 갈빗대 모양으로 구부러져 뻗어나 있는 선체의 뼈대)를 대고 그 배는 마른 뼈들이 가득했던 에스겔 이야기 속의 계곡에서 진수해 온 것 같았다"(219-20)라고 묘사한다. 즉 뼈로 가득 찬 계곡에서 갑자기 신이 생명을 줘서 그들은 다시 태어나게 된다는 비전을 에스겔이 본다는 장면과 연관짓는다. 이로써 함축된 작가는 이 배가 대변하는 바의 가치관을 진정한 삶의 길로 제시하고 있음을 알 수 있다.

셰익스피어의 『한여름 밤의 꿈』에서 극중극에 직접 참여하지 않고 관람했던 공작이 결국 그의 보수적인 관점에서 벗어나듯이 들라노 선장도 산도미닉 호 사건 이후 바아버의 삶을 기리기 위한 창작과정에 들어가 그 사건의 의미와 씨름하는 과정에서 제한된 의미에서는 진실에 다가가게 된다. 그는 바아버의 길을 결국 독자에게 피해야할 길로 제시하면서도 바아버의 응시와 흑인이라는 단어로 작품의 결말을 마무리 짓게 된다. 즉 이는 자신의 주장에 대한 문제점을 스스로 제기하게 되며 선장 자신도 결국 바아버의 영향력에서 벗어나지 못하고 있음을 보여준다.

멜빌은 그의 단편 「베니토 세레노」에서도 당대 전형적인 예술가 들라노 선장의 의식의 갈등을 통해 당대 사회를 비판하는 한편 그를 헤쳐 나갈 비전을 노예반란사건을 주도한 바아버의 여정을 통해 반영극적인 기법이라는 완숙한 예술형식으로 제시하였음을 살펴보았다.

<참고문헌>

황계정. 『메타드라마』. 서울: 연대 출판부, 1992.

Adler, Joyce Sparer. *War in Melville's Imagination*. New York: Columbia UP, 1981.

Bercovitch, Sacan. Ed. *Reconstructing American Literary History*. Cambridge: Harvard UP, 1986.

Berstein, John. *Pacifism and Rebellion in the Writings of Herman Melville*. Lndon: Mouton and Co., 1964.

Bryant, John & Milder, Robert. Eds. *Melville's Evermoving Dawn*. Kent: Kent State UP, 1997.

Davis, Clark. *After The Whale: Melville in the Wake of Moby-Dick*. Tuscaloos and London: Alabama UP, 1995.

Dillingham, William B. *Melville's Short Fiction 1853-1856*. Athens: Georgia UP, 1997.

Geist, Stanley. *Herman Melville: The Tragic Vision and the Heroic Idea*. New York: Octagon Books, Inc., 1966.

Grejda, E. S. *The Common Continent of Men: Racial Equality in the Writings of Herman Melville*. Port Washington, New York: Kenniket Press., 1974.

Gross, Seymour L. Ed. *A Benito Cereno Handbook*. Belmont: Wadsworth Publishing Company, 1965.

Ferguson, Robert A. *Law and Letters in American Culture*. New York: Harvard UP, 1984.

Fisher, Marvin. *Going Under: Melville's Sort Fiction and the American 1850s*. Louisiana State University Press, 1977.

Fogle, Richard Harter. *Melville's Shorter Tales*. Norman: Oklahoma UP,

1960.

_____. "The Monk and the Bachelor", *A Benito Cereno Handbook*. Ed. Seymour L. Gross. Belmont: Wadsworth Publishing Company, 1965.

Franchot, Jenney. *Roads To Rome: The Antebelum Protestant Encounter with Catholicism*. Berkeley: California UP, 1994.

Lauria, Sheila Post. *Correspondent Colorings: Melville in the Marketplace*. Amherst: Massachusetts UP. 1996.

Magowan, Robin. "Masque and Symbol in Mellville's 'Benito Cereno'", *College English 23* (February, 1962): 346~51.

McDowell, D.E. and Rampersad, Arnold. *Slavery and the Literary Imagination*. Baltimore and London: The Johns Hopkins UP. 1989.

Melville, Herman. *Billy Budd, Sailor & Other Stories*. Ed. Harold Beaver. Penguin Books, 1967.

_____. *Moby-Dick*. Eds. Harrison Hayford, and Hershel Parker. New York: W. W. Norton. 1967.

Putzel, Max. "The Source and the Symbols of Mellville's 'Benito Cereno'", *A Benito Cereno Handbook*. Ed. Seymour L. Gross. Belmont: Wadsworth Publishing Company, 1965.

Sanborn, Geoffrey. *The Sign of the Cannibal: Melville and the Making of a Postcolonial Reader*. Durbam and London: Duke UP, 1998.

Stein, William Bysshe. "The Moral Axis of 'Benito Cereno'", *Accent 15* (Summer, 1955): 221-33.

Sundquist, Eric J. "Suspense and Tautology in Benito Cereno", *Herman Melville's Billy Budd, "Benito Cereno", "Bartleby the Scrivener", and Other Tales*. Ed. Harold Bloom, New Haven: Chelsea House, 1987.

_____. "Benito Cereno & New World Slavery", *Reconstructing American Literary History*. Ed. Sacan Bercovitch. Harvard UP, 1986.

Thomas, Brook. *Cross-Examinations of Law and Literature; Cooper, Hawthorne, Stowe, and Melville*. Cambridge: Cambridge UP, 1987.

Wadlington, Warwick. *The Confidence Game in American Literature*. Princeton: Princeton UP, 1975.

Riddle, Mary-Madeline Gina. *Herman Melville's Pizza Tales; A Prophetic Vision*. Goteborg: Acta Universitatis Gothoburgensis, 1985.

VII. 예술가의 초상: 멜빌의 단편소설 「피뢰침 사나이」와 「피들러」를 중심으로

1.

　19세기 미국사회는 산업화의 물결로 기존 가치관이 붕괴되고 빈부의 차이가 그 어느 때 보다 심화되던 격변의 시기였다. 이상과 현실의 간극이 첨예하게 벌어지던 시대에 살았던 예술가 멜빌은 삶의 진실을 작품 속에 그려내지 못하고 번번이 현실을 합리화하곤 하는 자신의 한계에 번민하게 된다. 예술가의 진실탐구 직업의 가능성 여부는 작가 멜빌에게 던져진 화두로서 그는 일생 내내 이 문제에 전념했다. 따라서 멜빌 소설들에서는 19세기 미국 예술가의 초상이 공통적인 주제로 다뤄진다. 이념의 덫에서 벗어나지 못한 채 그들의 의식을 구속당하는 개인들의 문제는 문학에서 다뤄지는 보편적인 주제이나 멜빌의 경우는 이로 인한 19세기 미국 지식인들, 특히 예술가의 고뇌를 그의 모든 작품에서 일관되게 다루었다.
　멜빌은 처녀작 『타이피』부터 출판사의 요구대로 원고를 수정하고 난 뒤에 비로소 작품을 출판할 수 있었다. 따라서 그는 자신의 편지 등,

사적인 글들에서 창작의 자유가 허용되지 않는 억압적인 현실에 대한 불만을 토로하곤 하였다. 단편 「피뢰침 사나이」("The Lightning-Red Man")의 경우도 「두 개의 신전」("The Two Temples") 출판을 거절당한 이후인 1854년 8월에 월간지 펏트넘 지에 발표되었다. 그는 이 잡지 편집자에게 다음에 나올 작품은 "대중의 감성을 해쳤다는 항의가 제기되지 않을 것이다"(Newman 270)라고 출판 전에 미리 「피뢰침 사나이」에 관해 옹호한 바 있다. 이 작품은 작가의 고도의 글쓰기 전략으로 이뤄진 소설이다. 멜빌은 특히 「피뢰침 사나이」에서 자신의 입장을 방어하고 작가의 진의를 이해하지 못하는 대중들의 주의를 다른 데로 돌리기 위한 방책으로 희극장르를 택한다.

멜빌은 피츠필드의 화살촉 농장에서 살던 1850년 8월 5일, 그의 이웃이 마련한 지역 문학인사들 모임에서 첫 대면하게 된 호손에게서 강한 인상을 받고 그의 단편집 『늙은 목사관의 이끼』(Mosses in Old Manse)를 읽게 된다. 그의 책에서 당대에 지배적이던 초절주의와 낙관주의에 대한 자신의 의구심이 반영된 공감대를 발견하게 되었다. 따라서 근처에 살던 호손과의 교류는 그 동안 자신이 지녔던 견해를 더욱 확고히 할 수 있는 계기가 되었다. 이후 멜빌은 「호손과 그의 이끼」에서 호손을 미국문학의 구원자로서 예술적인 자유의 모범을 보여주는 이상적인 미국 예술가로 그린다.(Fisher 151) 따라서 그의 호손론은 멜빌 작품들에서 예술가 주제를 파악하기 위한 준거점이 된다.

진상을 쉽게 해독하기 어려운 현실 앞에서 고뇌하며 진실을 추구해 나가는 예술가의 여정을 그리는 멜빌 작품에서는 늘 두 가지 유형의 예술가가 등장한다. 자신의 의도와 달리 결국 현실과 타협하게 됨으로써 고뇌의 순환에서 벗어나지 못하는 예술가가 첫 번째 유형이다. 본 논문에서 선택한 멜빌의 단편소설 「피들러」("The Fiddler")의 화자, 헴스톤(Helmstone)과 「피뢰침 사나이」의 화자가 이에 속한다. 반면에 끝까지 자신의 목적에 따라 진실을 추구해 나가는 예술가 유형이 있다. 피뢰침 사나이가 이에 속하며 멜빌은 이를 예술가들이 걸어야만 하는 길로 제시한다.

2.

멜빌이 살았던 시기의 피츠필드 지역에서는 피뢰침 판매상인 들이 흔했으며 멜빌 자신도 구입을 강요하는 행상인들을 쫓아낸 경험이 있다고 한다. 이처럼 구체적인 에피소드를 바탕으로 쓴 작품임에도 불구하고 「피뢰침 사나이」는 그 해학적인 요소가 특이하며 쉽게 이해하기 어렵다. 1920년대 멜빌 붐이 일었을 때도 평가가 좋지 못 할 정도로 이 작품은 혹평을 받았으나 파커(Hershel Paker)가 19세기 대중문학에 등장하던 익살스런 '양키 행상인' 이야기 장르에 속한다며 그 문학적인 장점을 옹호하고 난 뒤에 긍정적인 평가를 받게 되었다.(Newman 280)

작품의 주된 갈등은 고독하고 반항적인 개인이 기존 세계에 대적하는 것이다.(Dillingham 173) 따라서 본 작품은 외관상으로는 희극적이나 깊은 의미에서는 도전적인 이야기이다. 「피뢰침 사나이」는 산골의 오두막집에 거주하는 화자와 폭풍이 치는 동안 그를 방문해서 피뢰침을 팔려고 애썼으나 성공하지 못하는 행상인사이의 대화로 구성된다. 그들 사이에는 많은 질문과 답변이 오고 갔지만 진정한 정신적인 교류가 이루어지지 않는다. 소설 끝 부분에 이를수록 두 인물사이에서 발견되는 극복할 수 없는 차이점이 더욱 강하게 부각된다.(Dillingham 181)

폭풍과 번개에 대한 상반되는 견해는 두 예술가, 즉 화자와 피뢰침 판매상인의 특성을 규정하는데 있어서 중요하다. 작품에서 뉴잉글랜드 지방과 뉴욕의 많은 지역이 '화상을 입었다'고 묘사된다. 이로써 폭풍과 번개로 인해서 피해를 입은 지역이 그만큼 널리 퍼져 있음을 알 수 있다. 화자는 천둥소리를 듣고 공포심에 휩싸이곤 했는데 이제는 그 속에서 신을 느낄 수 있으므로 오히려 이는 자신을 기쁘게 한다고 말한다. 다시 말해서 천둥소리가 무섭지만 이는 신의 의도이므로 참고 견뎌야 한다는 것이다.

> 햇볕에서처럼 천둥 속에서도 나는 신의 돌봄을 받으며 편안하게 있습니다…폭풍의 소용돌이는 격퇴됐고 집에는 피해가 없었으며 파란 하늘에서, 그리고 무지개에서 나는 신은 의도적으로 인간이 사는 지구에서 전쟁을 일으키지 않는다는 사실을 읽어낼 수 있습니다. (193)

즉 번개에 대면해서도 두려워 할 필요가 없다는 것이다. 반면에 피뢰침 사나이는 "천둥번개 속에서는 어떤 성채도 없으며"(187) 타코닉스(Taconics), 호식스(Hoosics) 같은 매사추세츠의 단단한 화강암 산지들조차 조약돌인 것처럼 서로 세차게 부딪히게 된다며 피하기 힘든 번개의 무시무시한 위력을 강조한다. 따라서 그는 피뢰침으로 번개, 폭풍우 등 자연의 파괴력을 벗어날 수 있다며 이를 판매하려고 한다. 아울러서 자신의 말을 듣지 않으면 마구간에서 불타버린 말처럼 까맣게 탄 쓰레기 한 무더기가 될 것이라고 협박하며 피뢰침을 사도록 화자에게 압력을 가한다.

폭풍의 특성은 "지그재그 형으로 불빛이 비쳤고", "빠르게 내려치는 심한 빗소리", "선두에 선 사람의 돌격신호"(187) 등 날카로운 칼 모양과 전쟁이미지로 제시된다. 또한 번갯불의 의미도 "무시무시할 정도로 빠른 칼"이라고 지적된 바 있다.(Fisher 120) 그 뜻을 보다 명확히 규명하기 위해서 멜빌 작품에서 모든 상징들은 동일한 의미를 지닌다는 사실을 주목할 필요가 있다. 팝스(Pops) 같은 비평가들이 아합 선장과 피뢰침 사나이 사이의 유사성을 강조한 바 있듯이(Newman 275)『모비딕』과 본 작품을 비교분석 해 보는 것은 작품이해에 있어서 긴요하다. 아합 선장은 벼락 맞은 나무처럼 보이며 벼락을 맞은 결과로 보이는 흉터가 목과 얼굴에 있다. 그가 이전 포경항해에서 고래의 공격을 받아 한쪽 다리를 잃었던 것처럼 얼굴에도 상처가 난 것이다. 이 두 작품을 연관 지어 볼 때 번개와 폭풍우는 「피뢰침 사나이」에서도 개인에게 가해지는 폭력을 의미한다는 사실이 함축적으로 제시되고 있음을 알 수 있다. 작품 마지막 부분에서 공격하는 화자에게 방문객이 피뢰침으로 저항하는 장면은 그의 가슴에 "세 부분으로 갈라진 갈퀴 같은 것을 겨눈다"(194)고 묘사된다. 폭풍우에 대항하는 상인의 피뢰침은『모비딕』에서 고래와 대결하기 위한 아합 선장의 창이나 작살과 같은 역할을 하는 것이다.(Fisher 121) 결국 화자는 "허위적인 협상자여, 꺼지시오!"라며 격분한 방문객을 추방하고 "나는 그것을 잡았다. 나는 그것을 낚아챘다. 나는 그것을 내던졌다. 나는 그것을 짓밟았다"(194)라는 그의 말에서 알 수 있듯이 피뢰침을 파괴한다.

화자에 대한 비평가들의 견해는 상반되어 가령 슈스터만(Shusterman)은 "인간다운 특성과 형제애를 보여 준다"고 평한다.(165-74) 반면에 마스트리아노(Mastriano)는 "현실도피주의자"라는 부정적인 평가를 내린다.(32-33) 현실에 대면하려하나 결국 안주하게 되는 화자의 위상을 알 수 있는 것은 바로 그의 거처이다. 그는 산지의 오두막집에 기거하며 벽난로 가를 벗어나지 못한다. 화자는 평지에 머무는 보통 사람과 달리 위험을 무릅쓰고 번개, 폭풍우에 더 쉽게 노출되는 산지에 까지 오른 사람이다. 따라서 그는 번개를 조금도 두려워하지 않는다며 폭풍우가 휘몰아 치는 동안 자신이 산지의 높은 곳에 있다는 사실을 자랑스럽게 생각한다. 즉 그는 "평지보다 산지에 있는 것이 훨씬 더 영광스럽다"(187)라고 말한다. 그러나 막상 천둥번개가 칠 때는 이에 대면하지 못하고 방안 벽난로 가에 칩거함으로써 그 한계를 보여준다. 작품 서두는 집안의 넓은 벽난로 가에서 몸을 따뜻하게 덥히는 화자와 밖에서는 폭풍우가 맹위를 떨치고 있는 대조적인 장면으로 구성된다. 딜링햄은 화자가 세상에 대해 겁 없이 도전한다고 보는데 특히 벽난로 부분을 떠나라는 상인의 요구를 거절할 때를 예로 든다.(174) 그러나 멜빌 작품에서 벽난로는 가정적인 안락함과 편안함을 의미하는 상징임을 스톡튼(Stockton 324), 보웬(Bowen 61-71), 슈스터만(Shusterman 168) 등의 여러 비평가가 지적한 바 있다. 이로써 화자는 오히려 현실에 안주하는 이들의 삶을 택하고 있음을 볼 수 있다.

 결국 현실에 타협하게 되지만 그로 인한 화자의 갈등과 고뇌의 과정은 작품 속에 압축적으로 그려진다. 그는 피뢰침 상인의 행로에 가치를 두고 그 의미를 부각시키고자 작품 집필을 시작한 것이지만 자신의 의도와 괴리가 있는 결론에 이르게 됨으로써 번민하게 된다. 달리 말하면 피뢰침 사나이를 집에서 내쫓은 뒤 세월이 흐른 후 다시 그를 주인공으로 한 작품을 쓴다는 것은 화자가 결국 그의 견해를 인정했기 때문이다. 그러나 집필과정에서 실상을 밝히기를 꺼리게 되는 것이 화자의 딜레마이며 한계이다.

 번개와 폭풍이 상징하는 개인에 위협적인 현실에 직접 대면하지 못하는 한계로 인해 집필을 시작할 때의 의도와 달리 화자는 방문객의 모습을 제대로 그려내지 못한다. 다시 말해서 피뢰침 상인에 대한 이야기를 집필하는 과정에서 무의식적으로 그의 실상을 그리기를 꺼리게 되기 때문에 상인은 왜곡된 모습으로 그려진다. 즉 그는 여위고 약한 모습으로 묘사된다. 방문객은 고딕소설에 등장하는 인물처럼 병들어 있는 듯 한 외모이다. 그는 "마르고 우울해 보이는 모습이며"(188) 쑥 들어간 눈가는 "짙은 남색 빛 후광"(188)으로 둘러싸여 있다고 묘사된다. 화자는 피뢰침 사나이를 "단지 인간에 지나지 않는다"(193)라며 조롱하는 말투로 그를 주피터 토난즈(Jupiter Tonans)라고 부른다. 신에 버금가는 인간이 아니라 단지 자신의 안전을 도모하기 위해 번개의 위험에서 피하기 위한 행동규범들을 따르는 유약한 사람이라는 것이다.(Dillingham 173) 또한 화자는 "당신의 피뢰침은 녹슬거나 부러집니다…당신 테젤(Johanm Tetzel)에게 신성한 서품식에서 받은 면죄부를 팔러 다닐 수 있도록 누가 허락했습니까?"(193)라며 상인을 '테젤'이라고 부르고 피뢰침을 사라는 그의 제의를 거절한다. 카톨릭 교회 내에서 악명이 높았던 면죄부 판매상인과 연관지음으로써 피뢰침 사나이가 단지 경제적인 이윤추구를 위해 면죄부를 파는 것으로 그리게 된다.(Oliver 241)

반면에 함축된 작가는 이상적인 예술가 유형으로서 피뢰침 사나이를 제시하고 있음은 우선 피뢰침의 역할과 번개에 대한 그의 언급에서 알 수 있다. 피뢰침 사나이는 딜링햄 등 여러 비평가가 지적한 바 있듯이 과학적인 관점을 대변한다. 가령 그의 주장대로 심한 천둥번개가 치는 동안 집에서 가장 위험한 곳은 벽난로이고 이론상 가장 안전한 곳은 방 중앙 부분이다. 구리피뢰침이 철보다 더 나은 전도체이고 되받는 일격, 젖은 옷에 관한 그의 이론 등은 모두 사실에 합치되는 주장이다.(Dillingham 172-73) 멜빌 작품에서는 공통적으로 작가가 긍정하는 인물들은 과학과 문명의 대변인으로 제시된다.『모비딕』의 경우에서도 저자가 바라는 가치관을 구현하는 인물인 아합 선장은 통계자료와 고래행적에 대한 보고서 등을 통해, 즉 치밀한 과학적인 지식을 바탕으로 모비딕의 궤적을 쫓아 해도를 작성해 나가는 작업에서 볼 수 있듯이 과학적인 지성인의 모습을 대변한다. 또한 피뢰침 사나이는 멜빌의 이상적인 인물들이 그러하듯이 대중의 지지를 받고 있음을 볼 수 있다. 화자는 그를 자신의 집에서 내쫓고 이웃들에게 조심하라고 하지만 이는 성공을 거두지 못한다. 피뢰침 사나이는 "여전히 그 지역에 거주하며 폭풍이 부는 시기에 용감하게 장사를 해나간다."(194) 주민들은 화자와 달리 상인을 보기 때문이다. 이와 대조적으로 자신의 견해를 이웃에게 납득시키지 못하는 화자의 처지는 공동체 사회에서 그가 처한 곤경과 고립을 보여준다.

피뢰침 사나이는 또한 진정한 기독교인으로서의 면모를 보여준다. 자신이 주피터 토난즈 등의 이교적인 이름으로 불리는 것에 반대하고 "이렇게 무서운 시기에 당신은 신을 모독하고 있습니다"(189)라며 화자가 신앙심이 없음을, 그의 "불경스런 견해"에 대해 비난한다. 피뢰침 사나이의 지팡이, 즉 구리로 만든 창은 시편 23장의 "위안을 주는 당신의 피뢰침과 지팡이"라는 구절과 연결지을 수 있다. 따라서 이를 통해 안전과 안락함을 보장받을 수 있는 것으로 제시되고 있음을 알 수 있다.(Fisher, 120) 화자는 예상치 않았던 방문객에게 "선생, 제가 영광스럽게도 저 유명한 신, 주피터 토난즈의 방문을 받은 것이지요?"(188)라고 말하는데 이때 방문객의 모습은 "천둥번개를 꽉 붙잡고 있는, 옛 그리스 조각상의 모습으로 서 있었다"(188)라고 묘사된다. 딜링햄은 피뢰침 사나이를 자기안전을 추구하는 세상적인 인간(174)이라고 평한 바 있으나 오히려 "천둥번개를 꽉 붙잡고 있는" 모습에서 그가 바로 인간 피뢰침 역할을 하고 있음을 알 수 있다. 이러한 피뢰침 사나이의 여정은 예수와 연관되어 제시되기도 한다. 가령 폭풍이 극에 달할 때 피뢰침 사나이는 "하늘이 어두워집니다. 낮인데도 컴컴합니다"(192)라고 말하는데 이는 십자가에 못박혀 죽은 예수의 죽음을 환기시킨다.(Shusterman 173, Browne 235) 벽난로 가에 오라는 화자의 요구에 대한 "절대로 그렇게 하지 않겠어요"(188)라는 답변에서는 사탄의 유혹을 거절하는 예수의 모습을 연상할 수 있다.(Dillingham 181)

이상적인 예술가상으로서의 피뢰침 사나이의 특성이 보다 확연하게 드러나는 것은 '되받은 일격'에 관한 내용이다. 비평가 피셔(Fisher)는 이를 우주의 위협적인 세력에 대항하는 인간의 위대한 대응을 신뢰하는 것이라고 해석한 바 있다.(122, Dillingham 175) 즉 멜빌이 호손의 위대한 특성으로 파악한 바 있었던 "천둥 속에서 아니오"라고 할 수 있는 행위이다. "지상에서 구름"으로 번쩍이는 번개에 대한 피뢰침 사나이의 말에 화자는 갑자기 신뢰를 갖게 된다고 한다. 이는 화자가 자신의 주장과 달리 피뢰침 상인의 여정을 신뢰하게 되는 논리적인 모순이 드러나는 부분이기도 하다. 방문객은 가열된 공기와 매연이 전도체 역할을 하는 것이므로 화자가 고집하는 벽난로 가는 폭풍이 치는 동안 가장 위험하고 오히려 방한가운데가 가장 안전하다고 말한다. 피뢰침 사나이는 이곳이 폭풍이 칠 때 왜 가장 안전한가를 설명하면서 "당신 집은 일층이고 다락방과 지하실이 있으며 이 방은 그 사이에 있습니다. 따라서 비교적 안전합니다. 번개는 때로는 구름에서 지면으로, 그리고 지면에서 구름으로 지나가면서 치기 때문입니다. 이해하겠습니까?"(191-92)라고 말한다. 이에 화자는 "이상하게도 내게 신뢰하는 마음을 불어넣어 준다"(192)라고 말하며 그에게 매료된다. 방문객의 "알았습니다. 되받아 치는 일격이라고 부르지요. 지면이 유동물질로 가득 차 있으면 그 잉여 부분을 위쪽으로 재빨리 보내게 됩니다"(192)라는 설명에 화자는 더 나아가 "지면에서 하늘로 향하는 되받는 일격, 많을수록 더욱 좋습니다"(192)라며 이에 적극적으로 동의한다.

3.

　「피들러」에는 두 예술가가 등장한다. 당대의 전형적인 예술가 오보이(Hautboy) 와 전형적인 틀을 벗어나려고 고뇌하나 결국 그 뜻을 이루지 못하는 예술가 헴스톤이다. 화자 헴스톤은 자신의 최근작품에 대한 대중의 혹독한 비판 때문에 낙담해 있는 시인이며 반면에 오보이는 변덕스런 대중과 타협하게 되면서도 이에 대해 번민하지 않는 음악가이다. 작품제목의 피들러, 즉 피들 연주자는 바로 오보이 이다.

　「피들러」는 19세기 미국사회에 있어서 문화를 '평준화'시키는 과정을 통해 예술이 파멸하게 되는 상황을 제시한다. 작품 곳곳에서 볼 수 있는 죽음에 대한 언급은 이 작품의 주제인 19세기 미국사회에서의 진정한 예술의 죽음과 예술가의 타락을 판독하는데 중요한 역할을 한다.(Fisher 148) 가령 오보이는 피들 레슨을 해서 어렵게 살아가나 "왕보다도 행복하다"(200)고 한다. 그러나 그가 현재 누리고 있는 행복과 평온함은 상당한 희생을 통해서, 죽음 이미지가 함축하듯이 예술가로서의 창조력을 상실함으로써 이루어진 것이다. 작품에서 죽음의 이미지가 드러나는 대표적인 예는 다음과 같다. 헴스톤의 지기인 스탠다드(Standard)는 이야기 초반에 "무슨 일이라도 있니? 살인을 저지른 것은 아니지? 재판을 피한 것은 아니지?"(195)라고 그에게 말한다. 또한 그가 오보이의 위대함을 깨닫도록 스탠다드가 말하는 과정에서 두 번이나 '널빤지에서 발을 쿵쿵 구르는'것으로 묘사된다. 여기서 널빤지는 그들이 자리를 옮긴 음식점 테일러(Taylor's)의 대리석 테이블 이미지와 연결되며 죽음의 모티브를 강화시킨다.(Fisher 148, Newman 212) 작품의 마지막 부분, "오보이에게서 명성이라는 그의 붕괴된 신전의 기둥을 타고 올라가는 덩굴나무와 장미를 보았다"(201)는 구절에서도 죽음의 이미지를 볼 수 있다. 붕괴된 신전의 기둥을 타고 올라가는 덩굴나무와 장미는 불운을 딛고 일어선다는 개념을 의미하기도 하지만 또한 폐허를 덮고 있는 덩굴이나 장미는 무덤 혹은 죽음을 나타낸다.(Fisher 154) 비평가 톰슨도 장미 이미지를 "내부의 공허한 구조를 감추기 위한 것"(499)이라며 부정적으로 평한 바 있다.

당대의 전형적인 예술가 오보이의 특성을 멜빌이 호손론에서 이상적인 예술가로 규정한 호손과 비교하며 짚어보기로 하겠다. 우선 화자 헴스톤의 경우를 보면 그는 대중의 갈채를 받기를 갈망하는 젊고 야심이 있는 시인이다. 헴스톤은 자신의 시에 대한 혹평을 보고 화가 나서 번잡한 거리로 뛰쳐나와 스탠다드를 만나게 된다. 그를 통해 오보이라는 낯선 이를 소개받는다. 세상적인 평범한 사람을 대변하는 스탠다드는 오보이를 천재라고 생각한다. 비평가 피셔는 스탠다드를 "예술이 지향해야 할 수준"(148), 비어(Bier)는 "표준적인, 그리고 관습적인 적응"을 의미한다(2)고 지적한 바 있다. 즉 스탠다드라는 이름은 그 당대 사회에서 예술이 목표로 해야 하는 수준과 예술적인 성취를 비판하는데 이용되는 기준임을 암시한다. 스탠다드는 헴스톤에게 오보이가 재능, 덕목, 지혜를 지녔다는 사실을 받아들이도록 설득하고 궁극적으로는 그를 오보이의 사제로 만들려고 한다.

이야기 대부분에서 오보이의 정체, 배경, 직업 등이 모두 비밀로 남아있다. 그의 진짜 이름조차 스탠다드가 마지막에 귓속말로 해 줄 때까지 헴스톤은 모른다. 스탠다드는 오보이의 명성이 한때 영국 연극계의 신동이였던 베티(Betty)에 버금가는 것이었다고 밝히고는 있지만 일반 독자에게는 여전히 불가사의한 인물로 남아 있다. 그러나 함축된 작가는 작품 곳곳에서 그를 판단할 근거를 마련해 준다. 앞서 지적한 바 대로 작가의 호손론은 본 작품 비평의 중요한 틀을 제공하며 특히 오보이를 판단하는데 유효한 근거가 된다. 다시 말해서 진정한 미국작가로 제시되는 호손의 특징들은 오보이가 그릇된 예술가임을 밝히는데 도움이 된다. 또한 호손의 소설 『주홍글씨』(*The Scarlet Letter*)의 서문, "세관"(The Custom-House) 부분의 "그 타락한 인물은 피들러였던 것 같다!"라는 구절은 오보이를 피들러로 설정하는데 영향을 미쳤다(Newman 207)고 한다.

멜빌은 호손에게서 발견하게 되는 "거대한 어둠의 힘"은 진정한 예술가를 천박한 사이비 예술가와 구분 짓는 기준이 된다고 본다. 오보이의 얼굴은 "기쁨으로 빛나고"(196) 눈은 웃고 있으며 목소리는 "즐거워서 소리가 높다"(197)라고 묘사됨에서 볼 수 있듯이 그는 밝고 좋은 성격을 지녔다. 또한 머리 위에 우스꽝스럽게 차양을 위로 젖힌 모자를 쓰고 있는 오보이는 부자연스러울 정도로 어려 보이는데 이는 깊이가 없고 생각이 부족하며 유치하기조차 한 그의 특성을 제시한다. 반면에 호손의 어둡고 심오하며 강렬한 특성은 멜빌에게 깊은 인상을 준다. 멜빌은 이를 "호손 영혼의 이쪽은 초겨울임에도 햇빛이 비춰져 따뜻한 날씨이나 다른 쪽은 열배나 어두운 암흑으로 쌓여있다"(「호손과 그의 이끼」 540), 혹은 "여러분들은 그의 햇빛과 같은 따뜻한 점에 매료될지 모르나 그 너머에 암흑과 같은 어둠이 있다"(「호손과 그의 이끼」 541)라고 높게 평가한다.

오보이는 스탠다드의 요구에 따라 자신의 다락방에서 "양키 두들"과 기운차며 근심걱정이 없는 곡조들을 "유쾌하게 즉시 연주한다."(199) 그의 곡조 선택을 보면 지적인 도전을 한다기보다는 숙달된 연주를 선호하고 있음을 알 수 있다. 화자는 진부한 곡조에도 불구하고 "스타일에 있어서 놀라울 정도록 뛰어난 점 때문에 꼼짝 못하게 되었다"(200)며 그의 이런 쉬운 소곡연주를 숭고한 예술적인 수완으로 평가한다. 그러나 멜빌은 예술론에서 함축된 작가의 목소리를 빌어 독자들에게 "무난하게 즐거운 작가들에게는 희망이 없다는 것을 믿읍시다"(「호손과 그의 이끼」 545)라고 충고 한 바 있다. 또한 오보이가 연주하는 레퍼터리를 명확히 밝히지는 않았지만 그는 "온건한 주제 이외의 것"은 회피하는데 이는 손쉽게 외국문학을 모방하는데 안주하는 어빙(Wasington Irving) 유형의 작가들에 관한 호손론의 비판을 상기시킨다.(Fisher 153) 호손론에서 멜빌은 이상적인 예술가를 "삶 뿐 아니라 문학에 있어서도 공화국의 발전을 가져오며 모방을 비난하는 사람"(「호손과 그의 이끼」 545-46)이라고 규정한 바 있다.

호손은 "추구하는 사람이지, 아직 발견하는 사람이 아니라는"(「호손과 그의 이끼」 547)점 때문에 높은 평가를 받는다고 한다. 반면에 오보이는 오래 전에 추구하는 일을 포기하고 편안한 여정에 안주한 예술가이다. 이는 자신을 희생한 채, 다시 말해서 예술가로서의 창조력을 사장한 채 사회와 타협했음을 의미한다. 비평가 로젠베리(Rosenberry), 포글(Fogle), 톰슨 등이 지적한 바와 같이 오보이는 사회에 항복하고 굴복한 예술가의 전형이다. 오보이가 자신의 피들을 포기하지 않고 그것으로 레슨을 해서 먹고사는 것은 예술을 단지 생존 방편으로 삼고 있음을 보여준다. 따라서 비평가 비클리(Bickley)의 지적대로 멜빌은 "길거리에서 자질구레한 일들을 해서 생계를 이어나가는 것"이라는 뜻을 지닌 '피들'이라는 19세기 속어를 이 작품에서 의도적으로 사용하고(59-60)있다고 볼 수 있다.

화자 헴스톤은 오보이와 달리 예술가의 창작자유를 억압하는 사회현실에 고뇌하며 이에 반발하나 결국 그 궤적에서 벗어나지는 못한다. 따라서 우울함이 작품의 지배적인 기조가 된다. 화자는 비통함 속에서 세상에 정면으로 대항하게 된다면 자신이 파멸될 것이므로 이를 따를 수도 없고 그렇다고 해서 자신의 천재성을 포기하고 대중의 일원이 될 수도 없는 딜레마에서 벗어나지 못한다.

헴스톤의 번민과 갈등은 작품에서 함축적으로 제시된다. 젊은 작가로 명성과 부를 얻는데 실패한 헴스톤은 세상의 냉담함을 탓하려는 호전적인 경향과 오보이가 제공하는 최면상태에 굴복하고자 하는, 즉 세상을 평온히 수긍하게 하는 유혹사이에서 크게 갈등을 하게 된다. "처음으로 알게 된 사람의 얼굴을 바라보면서 곧 마음이 진정되었다"(195)는 구절에서 오보이를 처음 봤던 순간부터 헴스톤은 그에게 매력을 느끼게 됨을 알 수 있다. 오보이는 그에게 마법처럼 작용해 오게 된다. 서커스단의 광대들을 보면서도 그는 오보이의 모든 행동을 주시한다. 그러나 "오보이를 오랫동안 응시하며 그의 태도에 많이 감탄하게 되지만 내가 처음 집에서 뛰쳐나올 때 지녔던 절망적인 기분이 순간순간 되돌아와 나를 괴롭히지 않을 정도로 완전히 내게서 없어진 것은 아니다"(196)라는 구절이 함축하듯이 헴스톤 자신의 회의적인 태도와 오보이의 매혹적인 낙천주의 사이에서 그의 갈등은 계속된다. 결국 오보이가 자신의 아파트에 온 손님들을 위해 연주했을 때 오보이에게 느끼는 마력과 헴스톤의 깊은 자아 사이의 갈등이 그 정점에 도달하게 된다. 피들 연주가 시작됐을 때는 아주 비통스러웠던 헴스톤이 기적적으로 변모된다.(Dillingham 151) 여기서 그는 자신이 이제 행복에 이를 수 있는 비밀을 발견했다고 믿으며 집필을 포기하고 그의 문하생이 된다. 그는 자신의 원고를 찢고 피들을 사서 "오보이에게서 정규적인 레슨을 받으러"(201) 간다.

헴스톤을 깊이 있고 가능성 있는 젊은이로 받아들이기 힘들게 하는 것은 그가 오보이의 마력에 빠져든다는 점이다. 오보이의 영향력이 일종의 마법, 즉 오르페우스(Orpheus)의 마력으로 묘사되고 있음은 이것이 비현실적이고 일시적인 현상임을 함축하는 것이다. 오보이에 대한 감정이 어떠냐는 질문을 받게 되자 햄스톤은 "나는 정말로 그를 사랑하고 존경한다. 내가 오보이였으면 하고 바란다"(197)라는 말을 덧붙인다. 햄스톤의 변모과정에서 세상의 강제적인 영향력이 작용했음을 보여주기 위해 숲속의 거친 주민들을 수금으로 매혹시키는 오르페우스 신화가 사용되는 것이다. 결국 그는 세상에 "적절히 적응"해야 함을 주장하는 셈이다. 오보이가 "오르페우스처럼 대단하지 않아요?"(200)라는 스탠다드의 질문에 대한 햄스톤의 "나는 마력에 걸려있는 곰 서방 이지요"(201)라는 답변에서 그가 마법에 걸린 상태가 완벽하게 이루어진 것 같다. 그러나 현실세계의 가혹함을 피해 오보이의 마법세계로 도피해 간 그가 발견한 것은 진정한 행복이 아니라 마법적인 환영에 불과하며 그러한 마력은 지속될 수 없음을 작품 여러 곳에서 볼 수 있다. 따라서 체이스는 "낮은 단계의, 그러나 보다 안정된 수준의 세계로 되돌아가는 가능성을 다룬"(143)이야기라고 「피들러」를 평한다. 작가가 신뢰하지 않는 햄스톤의 판단을 액면 그대로 받아들일 수는 없다.(Gupta 440-41) 즉 오보이라는 성격은 좋으나 남의 마음을 사로잡지 못하는 인물에게서 정신적인 차원을 발견하게 되는 화자는 풍자적으로 그려진다. 멜빌이 오보이를 높게 평가했다고 보는 비평가들은 햄스톤을 올바른 가치를 깨달음으로써 평온을 찾게 되는 인물로 파악하나 오보이를 비판하는 비평가들은 햄스톤을 훌륭한 삶을 얻기 위한 옳은 투쟁을 포기하는 천박한 작가(Dillingham 162)로 본다.

오보이의 영향력 속에서 작품 집필을 포기했던 햄스톤이 다시 창작 작업으로 돌아온 것은 결국 그가 제한된 의미에서 예술가로서 성숙했음을 보여주는 것이다. 딜링햄의 지적대로 만일 오보이의 영향력이 지속되어서 그가 피들러로 남아있었더라면 그는 결코 창작 작업에 다시 전념하지 않았을 것이다.(162) 다시 말해서 작가로서 더 이상 창작하지 않겠다는 유혹을 크게 받았을 때의 이야기를 쓰고 있으나 그 실상을 밝히지 못하는 것이 그의 한계이다. 이러한 헴스톤의 위상은 키케로에 비유되는 작품 마지막부분에서 보다 확연하게 제시된다. 멜빌이 여러 번 탐독했던 플루타크 영웅전에 의하면 젊은 키케로는 자신이 위대한 업적을 이룩하도록 운명지어 졌다고 느꼈으나 '델피의 신'을 방문했을 때 그가 하고자 하는 바를 추구하지 말라는 말을 들었다. 키케로가 자신의 천재성을 억누르라는 말을 아폴로에게서 들은 것처럼 헴스톤도 오보이의 영향을 받아서 원고를 찢고 예술을 포기한다. 그러나 키케로는 아폴로의 마법적인 영향력 속에 머물지 않았으며 헴스톤도 마찬가지였음을 「피들러」라는 이야기 자체가 입증해 준다.(Dillingham 166)

멜빌은 헴스톤 유형의 예술가들을 비판하나 유보적인 범위에서 이들의 고뇌에 대해 긍정적인 평가를 내린다. 다시 말해서 이러한 화자의 번민은 제한된 의미에서나마 진실에 다가가는 길을 열어주는 것으로 제시한다. 가령 「피들러」의 경우 결국 오보이를 예술가로서 따라야 할 귀감으로 설정하게 되는 헴스톤의 결론과 괴리가 있는 그의 주장들이 작품 곳곳에서 드러난다. 처음에 그는 오보이의 '분별력과 유머감각'에 탄복해 하고 '뛰어난 판단력'을 칭찬한다. 그러나 헴스톤은 오보이에 대해 감탄하면서도 스탠다드에게 "네 쾌활한 오보이는 결국 너와 내게 아무런 교훈과 본보기도 제공해 주지 않는다"(198) 라고 말한다. 다시 말해서 오보이는 천재성은 말할 것도 없고 야망도, 예술적인 재능도 없기 때문에 세상살이에 평화롭게 적응을 할 수 있는 것이다.(Fisher 150) 오보이는 "아주 있는 그대로 세상을 보면서도 그 어두운 면도, 혹은 밝은 측면도 이론상으로 지지하지 않는 것이 분명했다. 그는 모든 해결책을 거부하지만 사실들은 인식한다."(197) 즉 그는 객관적으로 파악할 수 있는 능력은 있지만 이를 행동에 옮기지 않는 것이다. 그리고 결국 오보이는 이상적인 예술가들과 달리 혁명적인 태도, 헛된 노력, 개혁을 이루기 위한 충동을 보여주지 않고 열정적인 개입도 하지 않으므로 사회에서 소원되기 쉬운 사람이 아니다.(Fisher 158) 또한 오보이에 대해 헴스톤은 "그가 뛰어난 분별력을 가진 것은 명백하나 이는 탁월한 재능 없이도 지닐 수 있지요 어떤 경우에는 뛰어난 분별력이란 단지 그러한 재능들이 없기 때문에 지닐 수 있다고 나는 믿어요"(198)라고 평가한다. 그는 오보이처럼 분별력, 혹은 "세상에 대한 지식"을 가진 사람들은 대개는 심오한 통찰력을 지니지 못한다는 사실을 파악한다. 세상적인 평범한 사람들은 세상과 끊임없이 부딪힘으로써 세상을 이끌어 나갈 수 있는 예외적인 인물들의 특성을 이해하는데 필수적인 예리한 통찰력이 훼손된다는 것이다.

4.

멜빌 작품들은 예술가의 진리탐구 작업이라는 보편적인 주제를 소설의 거리 등 고도의 글쓰기 전략으로 전개해 나가는 공통점을 보여준다. 멜빌은 기존 통념을 벗어난 개인의 자유로운 사고와 판단이 엄격하게 통제되던 19세기 미국사회에서 예술가가 담당해야 할 책임이 크다고 보았다. 즉 혼탁한 현실을 해결하기 위한 길은 예술가에게 있다고 보았다. 그의 단편소설, 「피들러」와 「피뢰침 사나이」에서도 당대 전형적인 예술가인 화자들의 의식의 갈등을 통해 사회를 비판하는 한편 그를 헤쳐 나갈 비전을 이상적인 예술가인 피뢰침 사나이의 여정을 통해 제시했음을 살펴보았다. 다시 말해서 진정한 진실탐구 작업은 어두운 현실에 정면으로 대면힘으로써 달성될 수 있다는 저자의 결론은 화자의 창작과정의 한계점들과 이상적인 예술가의 여정을 통해 두 겹으로 강조된다.

<참고문헌>

Bickley, Robert Bruce. *The Method of Melville's Short Fiction.* Durham, N.C.: Duke University Press, 1975.

Bier, Jesse. "Melville's 'The Fiddle' Reconsidered," *American Transcendental Quarterly 14* (1972): 2-4

Bowen, Merlin R. *The Long Encounter: Self and experience in the Writings of Herman Melville.* Chicago: University of Chicago Press, 1960.

Browne, Ray Broadus. *Melville's Drive to Humanism.* West Lafayette, Ind.: Purdue Univ. Press, 1971.

Chase, Richard V. *Herman Melville: A Critical study.* New York: Macmillan, 1949.

Dillingham, William B. *Melville's Short Fiction.* Athens: The University of Georgia Press.

Fisher, Marvin. *Going Under: Melville's Sort Fiction and the American 1850s.* Louisiana State University Press, 1977.

Fogle, Richard Harter. *Melville's Shorter tales.* Norman: University of Oklahoma Press, 1960.

Franklin, H. Bruce. *The Victim as Criminal and Artist:Literature from the American Prison.* New York: Oxford University Press, 1978.

Gupta, Raj Kumar. "Hautboy and Plinlimmon: A Reinterpretation of Melville's 'The Fiddler'", *American Literature 43*(1971): 437-42.

Mastriano, Mary. "Melville's 'the Lightning-Rod Man'", *Studies in Fiction 14* (1977): 29-33.

Melville, Herman. *Great Short Works of Herman Melville.* Ed. Warner Berthoff. New York: Harper & Row, Publishers, 1969.

_____. *Moby-Dick.* Eds. Harrison Hayford and Hershel Parker. New York:

W. W. Norton & Company, 1967.

_____. "Hawthorne and His Mosses." *Moby-Dick*. Eds. Harrison Hayford and Hershel Parker. New York: W. W. Norton &Company, 1967. 535-51.

_____. *The Letters of Herman Melville*. Eds. M errell R. Davis and William H. Gilman. New Heaven: Yale UP, 1960. 960.

Newman, Lea Bertani Vozar. *A Reader's Guide to the Short Stories of Herman Melville*. Bosto n: G.K.Hall & CO, 1986.

Oliver, Egbert Samuel. "Herman Melville's 'The Lightning-Rod Man,'" *Philadelphia Forum* 35 (1956): 4-5, 17.

Parker, Hershel. *The Recognition of Herman Melville*. The University of Michigan Press. 1967.

Shusterman, Alan. "Melville's 'The Lightning-Rod Man': A Reading," *Studies in Short Fiction* 9 (1972): 165~74.

Stockton, Eric W. "A Commentary of Melville's 'The Lightning-Rod Man'", *Papers of the Michigan Academy of Science, Arts, and Letters* 40(1955): 321~28.

Thompson, William R. "Melville's 'The Fiddler': A Study in Dissolution," *University of Texas Studies in Literature and Language* 2(1961): 492~500.

Ⅷ. 비어 선장: 이상적인 예술가

1.

 오랜 시일에 걸쳐 신중을 기한 『빌리버드』는 일생동안 작가에게 도전해온 문제를 압축해서 드러낸 멜빌 예술의 종합이다. 따라서 작가 말년의 사고와 예술적인 특징뿐 아니라 작가의 전 작품을 읽는 방법이 담겨있다. 19세기 중엽 미국은 자국의 영토를 확장시킴으로써 자유 민주주의체제를 넓히는 것이 그들의 '명백한 운명'이라는 이데올로기의 통제아래 있던 사회였다. 예술가들은 이러한 이데올로기는 자국의 이익을 위한 허위적인 개념일 뿐임을 인식하나 자신의 창작과정에서는 결국 기존현실을 옹호하는 딜레마에 빠지게 된다. 따라서 예술가의 길에 깊은 회의를 느낀 멜빌은 1857년 『사기꾼』을 집필한 이후 붓을 꺾고 뉴욕 세관원 일에 전념하게 된다. 그러나 생애말엽 그가 문학에 대한 신뢰를 회복하고 다시 창작에 몰두하여 나온 작품이 『빌리버드』이다.
 『빌리버드』는 18세기말 영불전쟁 중에 있던 영국 전함에 배경을 두고 있으나 바로 작가가 살았던 19세기 미국의 문제를, 그 사회에서 살아가는 예술가의 고뇌를 다루고 있다고 보아야 한다. 이는 본 작품의 주제는 물론 정치, 역사, 사회적 배경을 압축해서 나타내 주고 있는 서문에서 잘 제시된다. 『빌리버드』에서는 이야기를 전개해나가는 화자와 영국 전함의 선장이며 빌리 사건을 추리하는 재판관 비어(Vere)라는 두 종류의 예술가, 즉 당대의 전형적인 예술가와 작가가 그리는 이상적인 예술가가 등장한다.

비어 선장은 저자가 그의 마지막 작품에서 심혈을 기울여 제시한 이상적인 예술가이며 법률가이다. 그는 이지적인 지성과 따뜻한 감성 뿐 아니라 높은 통찰력을 가진 인물이다. 따라서 작가는 원고를 검토해 나가는 과정에서 예술성을 해칠 정도로 비어에 대한 자신의 공감이 너무 분명하게 드러나지 않도록 수정한 바 있다. 전함장교 클래거트(Claggart)와 상선에서 징집되어 온 선원 빌리(Billy)가 격돌한 사건에 대한 비어의 분석은 재판장면을 통해 박진감 있게 전개된다. 이는 작품의 중심부분이다. 이 장면은 비어가 깨달은 진실을 밝히는 창작과정이기도 하다.

『빌리버드』에 작가의 유언이 담겼다는 점에 모든 비평가들은 동의하나 그 내용에 대해서는 의견이 다양하다. 비평가들 사이에서 작품이 완결된 것인가?, 유기적인 통일성이 있는가? 삶에 대한 저자의 최종적인 승인인가, 혹은 거부인가? 에 대한 논쟁이 끊임없이 제기된다. 초기 비평에서는 순수한 빌리의 비극에 초점을 맞춰서 가혹한 법을 준수해야 하는 비어선장의 고뇌를 부각시켰다. 위딤(Phil Withim), 징크(Karl E. Zink), 카스퍼(Leonard Casper) 등이 그 대표적인 비평가이다. 반면에 1940년대 후반에 이르러 쉬프만(Joseph Schiffman)을 선두로 해서 비어 선장과 그가 중심 역할을 하는 사회에 대한 아이러닉한 공격이라는 반론이 제기되었다. 멜빌이 호손에게 보낸 편지와 그의 예술론에서 해석의 실마리를 찾을 수 있다. 그는 어려움을 무릅쓰고 진리를 구현해 내야하는 작가로서의 본분을 따르고자 하는 결심을 편지에서 밝힌다. 현실에는 타협할 수 없다고 강조하면서 자신의 작품은 실패작일 수 밖에 없다고 말한다.(Davis & Gillman(Eds.) 142) 그는 주제뿐 아니라 기법 면에서 당대 독자들의 취향을 뛰어넘는 작품을 창작했던 것이다. 즉 멜빌은 그의 전 작품에서 소설의 거리라는 미학적인 바탕 위에 예술가의 진리탐구라는 보편적인 문제를 다루었다.

멜빌이 1850년과 1851년 『문학세계』에 익명으로 발표한 「호손과 그의 이끼」는 호손 작품에 대한 서평인 동시에 작가자신의 예술론으로 중요하다. 특히 잘 들여다보면 저자가 어디선가 자신의 입장을 독자에게 제시해주고 있음을 늘 발견하게 된다는 구절에서 그의 작품해석에 있어서 함축된 작가의 입장을 찾아내는 것이 중요함을 알 수 있다. 멜빌은 1850년대 중반 신문연재 소설을 집필하게 되면서 예술적인 기법에 더욱 관심을 갖게 됐으며 특히 그의 유고 작 『빌리버드』에 이르면 많은 교정단계를 거쳐 완벽한 예술적인 거리를 이룩하게 된다. 따라서 본 작품을 이해함에 있어서 특히 중요한 것은 빌리버드 사건에 대한 화자와 함축된 작가의 두 가지 상이한 해석이 담겨있다는 점을 파악하는 것이다.

화자와 함축된 작가가 쓴 두 가지 『빌리버드』이야기는 각기 균형 잡힌 형식의 예술과 모난 모서리를 지닌 예술, 그리고 닫힌 구조와 열린 구조의 특징을 보여준다. 소설의 열린 형식은 특이한 집필과정과 출판역사에서도 찾을 수 있다. 『빌리버드』는 다듬어지지도, 완결되지도 않은 텍스트로서 그 출판과정이 독특하다. 1885년부터 1891년까지 육년에 걸쳐 집필됐으며 수정을 해나가는 도중에 작가는 죽는다. 그로부터 33년이 지난 1924년에 이르러서야 위버(Raymond Weaver)에 의해 처음 출판되었으며 원고도 양호한 상태가 아니었다. 그 뒤 프리맨(Barron Freeman)이 1948년에 재편집하고 마지막으로 1962년 헤이훠드

(Harrison Hayford)와 실츠(Merton Sealts, Jr)가 편집했다.

소설의 거리를 통해서 멜빌작품을 해석해 보노라면 작가가 숨겨놓은 풍경에 독자들은 압도당한다. 본론에서 화자의 특성, 클래거트와 빌리의 대결의 의미, 이상적인 예술가 비어의 재판과정을 통해 이러한 풍경들을 보다 구체적으로 제시해 보도록 하겠다.

2.

영국해군에서 대반란이 일어난 해에 빌리가 고향으로 향한 영국 상선 '인간의 권리'(Rights-of-Man) 호에서 외향 길에 오른 제국전함 벨리포턴트(Bellipotent)호로 강제징집 당하면서 이야기가 시작된다. 빌리버드 사건을 이해하기 위해서 우선 이야기의 배경이 되는 두 세계, 상선과 전함의 의미를 살펴보는 것이 필요하다.

두 세계는 멜빌의 처녀작 『타이피』에서의 타이피 섬과 불란서 전함처럼 서로 대조된다. 상선은 그 이름이 함축하듯이 인간의 권리를 실현시키려는 이상을 지녔으나 사실은 폭력이 지배되는 사회이다. 이는 중심역할을 하는 빌리의 행동에서 입증된다. 빌리가 전함으로 옮겨 타기 위해 보트를 탔을 때 장교들과 노 젓는 선원들은 상선의 선미에 찬란하게 새겨져있는 글자, '인간의 권리'를 신랄하게, 혹은 경멸조로 비웃는데 그들은 명분과 괴리된 상선세계의 실상을 파악하기 때문이다. 이는 버크(Edmund Burke)의 프랑스 혁명에 대한 보수적인 견해를 반박하며 프랑스 혁명을 옹호하는 페인(Thomas Paine)이 1791년에 발표한 책 이름이기도 하다. 상선의 세계는 본래 혼란스런 상태로 선장의 걱정이 끊일 새가 없었으나 빌리가 완력으로 평화를 가져왔다고 한다. 가령 클래거트의 전신이라 볼 수 있는 어떤 선원(Buffer)이 자신을 "사랑스럽고 호감이 가는 녀석"(325)이라고 조롱하며 반박하자 빌리는 번개처럼 팔로 그를 내리치게 된다. 이러한 빌리의 행동은 혼란스럽던 상선세계에 질서를 가져오며 그는 'peacemaker'로서 선장의 총애를 더욱 받게 된다고 한다. 반면에 전함세계에서 빌리는 자신의 상관 클래거트로 부터 반란음모에 연루되었다는 고발을 받게 되자 그의 이마를 정통으로 맞혀 쓰러뜨리게 된다. 그 뒤 비어선장이 주재하는 재판을 받고 그는 처형당한다. 상선은 귀항선인 반면에 전함은 외항선이라는 사실도 이 두 세계의 성격을 밝힘에 있어서 중요하다. 멜빌작품에서 귀항선은 현실적인 삶에 안주하려는 집단을 의미하는 반면에 외항선은 모순적인 현실에 대결해서 진리를 구현하러 나선 집단을 상징하기 때문이다.(Stern 216) 다시 말해서 표방하는 이상과 달리 폭력이 지배하는 상선세계와 달리 전함세계에서는 진정한 휴머니즘을 구현하기 위해서 비어선장과 대부분의 선원들이 온갖 위험을 무릅쓰고 전쟁에 참여한다.

1) 예술가 화자, 그 순수한 모순

그 이름이 구체적으로 명시되어 있지 않은 이 작품의 화자는 빌리버드 사건의 진상을 밝히려는 진지한 의도로 출발했으나 사건에 대한 객관적인 보고를 하기보다는 프랑스 혁명정신에 반대한 버크와 같은 보수주의적인 가치관을 독자에게 설득하게 된다. 따라서 그는 독자를 속이려는 사기꾼이라는 비판까지 받게 된다. 현실의 어두운 경험에 대면하기 보다는 자신의 집필 작업 자체에 주의를 기울임으로써 그는 진실과 어긋난 이야기를 하게 되는 딜레마에 빠지게 되고 이로써 고뇌한다. 『모비딕』에서 이스마엘이 피쿼드 호 사건의 진상을 밝히기보다는 자신의 창작과정에 더 관심을 기울였듯이 『빌리버드』의 화자도 완결된 형식의 소설 창작에 더 관심이 있다. 화자의 이야기 마지막에 남는 주요한 상징은 아직 옮기지 않은 채 상인의 뜰에 놓여 있는 대리석 덩어리이다. 이는 클래거트의 피부색이 "시간의 음영이 새겨진 오래된 대리석"(342) 같다는 구절과 상반되며 전함장교 클래거트, 비어 선장의 경우와 달리 예술가 화자의 목적은 계획으로만 남아있을 뿐 결코 실천되지 못했음을 보여준다. 다시 말해서 오랜 세월 동안 이뤄진 클래거트, 더 나아가서 비어선장의 진리탐구 과정은 소설 안에 조각된, 즉 그 갈망만 있을 뿐, 아직 구체적으로 진실을 구현하지 못하는 잠재적인 화자의 예술과 대조된다.

화자는 자신이 전함에 승선했던 장교라는 사실을 애써 밝히려하지 않기 때문에 『모비딕』의 이스마엘과 달리 익명으로 주로 3인칭 관점으로 이야기를 한다. 따라서 그는 이스마엘보다 파악하기가 훨씬 더 힘든 존재이다. 그러나 함축된 작가는 댄스커(Dansker), 빌리의 재판에 참여하는 항해사(Officer of marines), 의사 등을 통해 화자의 특성을 파악할 수 있는 단서를 제공한다. 이들은 소설 중심플롯의 전개과정과는 긴밀한 상관성이 없으며 다만 화자의 면모를 드러내기 위한 '끄나풀'의 역할을 한다. 군법회의에도 참석했던 항해사는 빌리를 처벌하는 것을 가장 꺼렸으며 비어가 빌리를 재판하고 처형한 이유를, 또한 그가 죽음을 무릎 쓰고 그 사건에 전념한 이유를 알면서도 이를 명확하게 밝히지 않는다. 또한 댄스커의 경우를 예로 들어보자. 그는 넬슨(Nelson)제독을 상관으로 모셨던 퇴역장교로 해전에 참가해서 부상을 당한 경험이 있다. 그 이후 자신의 안전을 위해 현실에 개입하지 않고 한 걸음 물러서서 냉소적으로 어떤 일에도 관여하지 않고 또한 충고도 하지 않는다. 그러나 아무리 중립적인 태도를 취하고자 한다 해도 결과적으로 그는 살인이 일어나게끔 허용하는 결과를 가져온다. 다시 말해서 빌리가 상의하러 왔을 때 클래거트가 그의 행적을 조사하고 있음을 명확하게 밝히지 않음으로써 결국 그는 빌리가 클래거트를 살해하게끔 도와주는 결과를 초래한다. 저자가 제기하는 문제점이 바로 이들 예술가의 이러한 부정적인 모습이다. 댄스커는 의사들의 아버지로 불렸던 아에스클라피우스(Aesculapius)의 스승, 케이론(Chiron)(349)에 비유됨으로써 의사도 같은 유형의 인물로 제시되고 있음을 알 수 있다.

편견이 없는 역사가로서 자신의 이야기는 신뢰받을만하다고 화자는 주장하나 빌리 사건의 일부만을 밝히고 나머지는 자신의 상상으로 재구성한다. 영국 역사가들이 노아의 "반란 같은 사건을 역사적으로 다룰 때 신중히 고려하게 된다"(333)는, 즉 반란에 대한 설명을 가능한 생략하는 점은 바로 화자 자신의 특성이기도 하다. 따라서 그의 표면적인 사건서술, 즉 사실들과 거리가 있는 이야기는 비어선장의 딜레마나 그 도덕적인 의미를 명료하게 설명하지 못한다.

화자는 원래의도와 달리 사건의 핵심부분에 대해 침묵하거나 가능한 말을 아낌으로써 결국 사건의 진상을 밝히지 못한다. 그의 이야기에서 특히 클래거트와 비어 선장의 목적은 결코 공표되지 않으며 그들의 성격도 숨겨져 있다. 따라서 클래거트의 특성, 비어의 광증, 선장과 빌리의 대면 장면들, 마지막 법정연설장면, 재판장면등 주요 장면들은 거의 짐작과 추측으로 구성된다. 가령 클래거트의 죽음을 확인하기 위해 불려온 의사는 비어의 고함소리와 임시군법회의를 열겠다는 그의 신속한 결정에 당황한다. 의사는 증명이 가능한 사실만 신뢰하며 현실의 음폐 된 심층을 파악하기에는 한계가 있는 인물이다. 그러나 화자는 비어가 정신이상 증세를 보이는 것인지에 대한 판단을 독자에게 위임하며 분명한 입장을 밝히지 않는다. 빌리에 대해 클래거트가 적의를 품게 되는 이유도 분명하게 밝히기 보다는 세상의 일반적인 경험으로 이해하기 힘들다며 오래 전에 나눴던 정직한 학자와의 토론을 회고하며 회피한다. 화자는 클래거트가 사악하다는 자신의 주장도 구체적으로 입증하지 못하고 그의 사악함의 뿌리는 플라톤이 정의한 "자연발생적인 타락"(Natural Depravity)(353)으로서 날 때부터 타락한 악인이 따로 있다고 주장한다. 이런 특성을 지닌 사람들은 일단 어떤 목적을 달성하고자할 때는 냉철하고 엄격한 판단을 가지고 집착한다. 그들의 목표를 달성하기 위한 방법과 외적인 절차는 항상 완벽히 합리적이라고 밝힌다. 이러한 클래거트의 "광적인 악의"(mania of an evil)(354)를 요약해 화자는 "죄의 신비"(mystery of iniquity)(354)라 말하고 더 이상 아무런 설명을 하지 못한다. 또한 클래거트의 성격을 직접 묘사하기 보다는 사기행위에 연루되어 바다로 도피했을 것이라는 그를 둘러싼 애매한 소문들만 얘기한다. 비어에게 빌리를 처음 고발할 때 클래거트가 사용한 말들도 정확하게 제시하지 못하며 "전적으로 이런 말들만을 한 것은 아니지만 교육받은 사람의 말투로 그는 아래와 같은 취지로 말했다"(369)라고 서술할 뿐이다.

빌리가 클래거트를 죽이는 장면묘사에서도 이를 클래거트와 비어의 책임 탓으로 돌린다. 가령 비어는 빌리가 반란모의에 참여했다는 클래거트의 암시에 너무 당황해서 빌리의 유죄여부가 아니라 클래거트의 위증여부를 밝히는데 초점을 맞추는 오류를 범한다는 것이다. 그는 클래거트의 고발에 반박하도록, 즉 "자신을 변호하라"(376)고 빌리에게 요구한다. 그리고 빌리의 말더듬 증세를 파악하고는 달래는 어조로 말함으로써 클래거트에게 치명적인 폭력을 가하도록 부추긴다는 것이다. 아울러서 클래거트도 빌리가 폭력을 휘두르도록 유인하는 것으로 서술된다. 최면술사 처럼 그는 "최면을 거는 듯이 응시"(375)하여 빌리는 마비되어 "뾰족한 것에 찔린 듯, 그리고 재갈로 입을 틀어 막힌 듯"(375)

이 서있게 된다. 빌리가 자신의 방어에 무력한 것은 선장의 자극 못지않게 클래거트의 "무서운 시선"(375) 때문이라는 것이다. 따라서 "꼼짝 못하게 된"(376) 빌리가 클래거트의 이마를 치게 된다고 묘사한다.

진실을 밝히려는 진지한 의도로 출발한 예술가 화자는 꾸준히 자신이 사건을 충실하게 기술한다고 주장하나 자신의 서술방법이 의사전달에 방해가 된다는 점을 인식한다. 따라서 그는 빌리 사건을 이야기할 때 자신이 부딪히는 어려움들을 생생하게 자의식적으로 서술한다. 이는 자신의 보수적인 세계관, 즉 제한된 시각에서 비롯된다는 사실을 인식하지 못한 채 집필과정 자체에 더 관심을 기울이게 되는 딜레마에 빠진다. 예를 들어 자신의 주장에 대한 구체적인 증거가 부족해도 독자들이 참아주기를 기대하고 화자는 자신의 이야기가 로맨스였다면 빌리가 말더듬는 이유를 쉽게 설명할 수 있었을 것이라고 말한다. 자신의 클래거트 성격묘사가 한계가 있음을 인정하고 나아가서 이에 대한 독자들의 반박을 예측하기도 한다. 또한 독자에게 직접 말을 걸면서 4장은 시작된다.

작가의 세계관에 문제가 있을 때 그의 주장들은 논리적인 모순을 보여주게 된다. 화자의 이야기가 그 대표적인 예이다. 우선 그가 주인공으로 내세우는 빌리라는 인물묘사의 경우를 들어보자. 핸섬 세일러(Handsome Sailor)를 소개하면서 빌리는 이들 중에서도 뛰어난 인물이나 이야기가 진행되면서 중요한 차이점들이 분명해진다고 말한다. 아울러서 뒷갑판 선원(afterguardman)의 반란에 가담하라는 "갑작스런 제의에 거절하지 못하고 주저하며" 상관에게 보고하지 않겠다는 빌리의 결정을 "그릇된" 것이라고 말하면서도 그를 너무 쉽게 판단하지도 말라고 요구한다. 빌리와 클래거트의 격돌을 선악의 대결로 보는 화자의 알레고리적인 해석은 빌리가 클래거트를 살해하는 장면에서 일관성을 잃게 된다. 죄인과 희생자의 위치가 바뀌게 된 이 장면은 화자 이야기의 허구성이 가장 명료하게 부각되는 부분이다. 즉 순수한 아담 같다는 빌리가 클래거트를 죽이게 되나 화자는 오히려 그를 예수와 같은 영웅이라고 주장한다. 다시 말해서 빌리는 후반부에 이를수록 예수 이미지로 부각되며 이는 그의 죽음에서 정점에 도달한다. 이른 아침의 붉은 햇살을 받으며 빌리의 몸이 활대 끝까지 올라감으로써 그가 승천함이 주목된다고 까지 묘사한다. 그러나 마지막 부분에 이를수록 아이러닉하게도 그를 묘사하는 수식어들은 기독교적인 의미를 담고 있지 않다. 가령 처형당하기 직전, 두 번이나 '야만인'이란 말로 묘사되며 빌리는 목사를 거부하기도 한다. 비어 선장에 대한 묘사에 있어서도 모순적인 말들을 많이 사용한다. 가령 그의 독서취향에 대해서 세상을 그대로 제시하며 또한 자신의 견해를 반영하는 책을 원했다고 설명한다. 아울러서 비어는 몽테뉴 책의 '애매한 말'(double-talk), 즉 깊은 의미가 숨어있는 특성을 좋아한다고 설명하나 작품 후반부에 이르러서는 선장이 법을 문자 그대로 해석해서 빌리를 죽게 했다고 비난한다. 비어는 독신자로서 실제경험과는 괴리된 삶을 사는 것으로 서술되나 그는 해군장교로서 클래거트와 더불어 삶에 가장 적극적으로 참여한다. 또한 그는 매우 훌륭한 자질을 지녔지만 뛰어난 점은 없다고 하며 그의 죽음장면에서도 용맹스러우나 결코 지각없이 행동하지는 않는다고 묘사한다.

2) 빌리의 반란음모 연루 사건

전함의 핵심장교 클래거트는 상관의 신임을 얻은 선임 위병하사관(master-at-arms)이다. 그는 빌리의 동물적인 숙명론, 체념과 대조되는 뛰어난 지적능력, 체질적인 엄숙함, 상관에 대한 복종, 근엄한 애국심 등의 특징을 지닌다. 좀 더 구체적으로 말한다면 우선 그의 점잖은 모습과 태도에서 보통 선원들보다 훨씬 더 교육을 받았고 많은 경력을 지녔음을 알 수 있다. 성인이 된 후 선원생활을 시작했으며 뛰어난 능력으로 낮은 계급에서 선임 위병하사관의 지위로 쉽게 승진한다. 또한 "영국인일지 모르나 그의 억양에서 출생은 그렇지 않은 것 같은데 아마 어린 시절에 일찍 귀화를 했을른지 모른다"(343)는 구절에서 외국인으로서의 특성이 드러난다. 이는 함축적으로 아합 유형의 뛰어난 지성인 클래거트의 여정과 프랑스 혁명 정신과의 연관성을 제시하는 것이다.(Dillingham 390) 또한 이름의 머릿 글자, "비탄에 잠긴 사람"(man of sorrows)이라는 별명, 예수처럼 죽을 때 나이가 35세 정도인 점, 사후에 둘 다 영웅으로 인정받게 되는 점 등 예수와의 연관성이 여러 번 함축됨에서 그는 진정한 기독교 정신을 실천하는 장교로 제시되고 있음을 알 수 있다. 이러한 특성은 "클래거트의 행위는 궁극적으로 신에게 책임이 있으며 그는 할당받은 몫대로 했을 뿐이라는 견해를 보인다"(356)는 구절에서도 드러난다.

 화자는 클래거트의 과거경력에 대해서 아는 사람이 없으며 선원들 사이에는 그가 불미스러운 전적 때문에 성년이 되어 가명으로 해군에 입대해 도피처를 찾은 죄수라는 풍문이 돈다라고만 설명한다. 그러나 그는 선장의 신임을 받은 장교로서 선상의 규율을 유지해야 하는 중책을 띠고 있어서 배를 순시하며 선원들이 태만하지 않은지 혹은 반란의 징후가 있지나 않은지를 경찰처럼 감시한다. 특히 그는 상선에서 징집해온 선원 빌리가 그의 아름다운 외모로 인기를 얻고 있으나 전함세계의 질서를 위협하는 인물임을 파악하고 직속부하들로 정보망을 조직하여 그에 대한 감시를 철저히 한다. 결국 뒷갑판 선원의 반란제의를 받고도 빌리가 상관에게 보고하지 않은 행동이 결정적인 단서가 돼서 그는 비어 선장에게 반란음모자로 빌리를 고발하게 된다. 클래거트로서는 전함세계를 지키기 위해 자신의 희생을 무릎 쓴 용단이었다. 비어 선장도 빌리의 실체를 파악한 뒤 자신의 죽음을 각오하고 그를 반란혐의로 재판에 회부하고 사형을 선고함으로써 전함세계를 지키게 된다. 이는 그가 결국 후에 에데(Athée)호를 격파함으로써 입증된다. 프랑스 배를 패배시킴으로써 비어도 넬슨처럼 목숨을 잃었지만 영국의 안전을 유지해야 하는 그의 의무를 완수하게 된다. 이로써 비어 선장과 클래거트는 같은 유형의 예술가임을 알 수 있다.

빌리의 선상반란 사건을 다루기 전에 우선 그의 특성을 살펴보도록 하자. 개인적으로 빌리는 선량한 사람이다. 가령 전함에 승선한 첫날 빌리는 선원들에게 태형이 가해지는 것을 목격하고 자신의 의무에 충실하겠다는 결심을 한다. 비어 선장은 빌리의 명랑한 외모와 인기 등을 호감있게 평가해서 승진시킬 생각까지 한다. 그러나 아담이나 예수와 같은 인물이라는 화자의 주장과는 괴리되게 빌리의 도덕적인 특성을 묘사하는데 동물과 야만인 이미지들이 집중적으로 쓰인다. 즉 빌리는 '꼬마 어른'(a child man), '아기 버드'(Baby Budd)로 통하기도 하며 길들인 동물에도 비유된다. 다시 말해서 그는 동물처럼 도덕적인 역량이 상실된 인간임을 알 수 있다. 또한 용모와 성품 등이 원시인으로 묘사되고 특히 타이피 사람이라는 비유에서 지성보다는 완력에 의존해 문제해결을 하는 빌리의 특성을 보여준다. 이러한 점은 뒷갑판 선원의 반란가담 요구에 대한 반응, 재판을 받는 도중 침묵 속에서 망설이는 장면, 클래거트에게 고발을 받는 순간 나타나는 그의 말더듬 증세에서 잘 드러난다. 빌리는 보통 때는 수병으로서 맡은 바를 다한다. 그러나 심적인 억압을 받는 순간에 말을 더듬거나 그보다 심한 다른 증세가 일어난다.

> 이런 빌리의 증세는 에덴동산의 질투심이 강한 훼살꾼, 즉 교활한 훼
> 방꾼이 여전히 지상의 모든 인간사에 다소 관여하고 있다는 점을 뚜렷
> 하게 보여준다. 모든 경우에 있어서 어쨌든 그 자는 자신의 손도 여기
> 있다는 것을 확실히 우리에게 기억시켜 주려는 듯이 술책을 살짝 제시
> 한다.(331-32)

이는 빌리버드 사건에서 상징과 사실로서 중요하며 화자는 이러한 빌리의 특성을 기독교적인 의미에서 원죄 혹은 선천적 타락으로 연결 짓는다. "말할 수 있었더라면 클래거트를 치지 않았을 것이며…폭력으로만 말할 수 있었다"(383)는 빌리의 주장에서 알 수 있듯이 이런 특성은 폭력적인 결과를 낳는다. 비어와 클래거트는 이에 반발하는 것이다. 따라서 이는 빌리가 순수하다는 징표라기보다는 그의 존재의 타락을 암시하며 파멸의 원인이 된다.(Arvin 295) 또한 사회에서 이해되어지지 않고 전달될 수 없는 어리석음을 상징한다.(Stern 215)

그러면 클래거트가 빌리를 혐오하는 이유를 밝혀 보도록 하자. 화자는 이를 클래거트의 사악한 성격 탓으로 돌린다. 빌리의 핸섬 세일러다운 미의 근원이 그의 내적인 선에 있음을 인식하고는 시기심으로 악한 행동을 하게 된다고 설명한다.

> 배 안에서 한 사람을 제외하고는 아마도 선임위병 하사관이 유일하게
> 빌리버드의 도덕적인 특성을 지적으로 적절히 간파할 수 있다. 그러한
> 통찰력은 바로 그의 마음속에서 다양하게 비밀스런 형태를 취하는 내밀
> 한 야심을 거세어지게 했다. 때때로 그는 순진함에 대해서 경멸을, 냉소
> 적으로 경멸한다. 순진무구함에 지나지 않다니! (355)

클래거트가 빌리에 대항해서 불가피하게 사악한 행동을 하게 되는 것은 빌리의 존재가 전함세계의 가치관에 위협을 제시하기 때문이다.(Sherill

212) 즉 클래거트의 빌리에 대한 감정은 아합의 고래에 대한 감정과 같다. 핸섬 세일러로 나타나는 빌리의 진면목이 결코 그렇지 않을 것이므로 그가 쓰고 있는 가면을 꿰뚫어 진실을 밝혀보려는 목적으로 클래거트는 복수를 하게 되는 것이다.(Stern 230) 클래거트는 빌리의 아름다운 외모와 거리가 있는 그의 도덕적인 특성을 파악하고 "데이지 꽃 밑에 함정이 있을는지 모릅니다"(373)라며 비어에게 빌리 외모의 아름다움을 그대로 받아들이지 말라고 경고한 바 있다. 다시 말해서 그는 뛰어나게 아름다운 외모에 필적할만한 도덕성을 겸비하지 못한 빌리가 대변하는 상선세계, 즉 '인간의 권리'라는 거창한 구호와는 달리 완력이 지배원리로 작용하는 현실을 시정하고자 빌리를 고발한다. 이 상선세계는 비어선장의 전함이 격파하게 되는 에데 호의 실체이다. 에데 호는 그 이름에서 알 수 있듯이 휴머니즘을 구현하는 프랑스 혁명정신을 구현하려던 원래 목적에서 이탈된 항로를 취하는 반란선원들의 집단이라고 볼 수 있기 때문이다.

그들이 격돌하게 되는 전조적인 일은 빌리가 갑판에서 국물을 흘림으로써 일어나는 사건이다. 클래거트는 새로 닦아놓은 갑판 위에서 자기 방향으로 국물이 흐르고 있는 것을 발견하며 빌리가 엎지른 것을 알게 되자 안색이 변하게 된다. 그는 빌리에게 "아주 근사하구나! 멋진 녀석은 늘 멋지게 일을 한단 말야!"(350)라고 말한다. 이는 앞서 상선에서 빌리를 가리키며 한 선원이 "사랑스럽고 호감이 가는 녀석"(325)이라고 부른 것 같이 조롱, 멸시, 야유내지는 적의까지 풍기는 말이다. 이 사건은 의미심장한 성격을 띠우나 화자는 이를 다음과 같이 설명한다. 빌리가 자신의 감정을 눈치 채고 이에 대항해서 일부러 자기가 오는 방향으로 국을 엎질렀다고 생각하며 자신은 악의를 가지고 있으나 상대는 악의를 갖지 않을 수 있다는 사실, 즉 "화답되지 않은 악의"(unreciprocated malice)(358)를 이해하지 못한다고 화자는 오히려 클래거트를 비판한다. 그러나 전함이나 포경선의 갑판은 선원들이 항해목적을 실천해나갈 것을 다짐하는 중요한 상징적인 장소이므로 빌리의 행동은 전함세계의 가치관에 대항하는 의도를 보여주는 것이다. 따라서 클래거트는 이에 분노하게 된다.

　마침내 클래거트는 적의 배를 추격하는 동안 빌리가 상선에서 전함으로 이동된 것, 즉 군대에 징집된데 대한 불만으로 다른 이와 함께 반란을 모의했다고 선장에게 고발하게 된다. 비어선장은 선장실에서 고발된 이와 정보제공자를 비밀리에 대면시킨다. 그는 공식적으로 증인을 채택하게 되면 이 모든 절차가 선원들에게 알려져 당장이라도 반란이 일어날 것이라고 염려하였기 때문이다. 갑자기 선장실에 불려온 빌리는 클래거트의 반박을 받게 된다. 빌리는 아무리 애써도 말이 나오지 않는다. 말더듬이 증세를 이기지 못한 그는 말을 못할 뿐 아니라 심리적인 마비상태에 빠진다. 그리하여 다음 순간 빌리는 클래거트의 이마를 정통으로 맞혀 그를 쓰러뜨린다. 그는 말더듬 증세를 이기지 못해 폭력적인 행동을 하게 되는 것이다. 아담에 비교될 만큼 순진했던 빌리가 클래거트를 죽이게 된 결정적인 행동은 이렇게 그의 언어장애와 깊은 연관이 있다. 다시 말해서 의도와 달리 진실을 말하지 못하는 예술가는 결국 폭력적인 결과를 초래하게 된다. 상선에서는 빌리의 이러한 완력 사용이 훌륭한 본보기로 받아들여졌으나 전함에서 이러한 행동은 해군법과 그 관례에 크게 어긋나는 것이다. 결국 빌리는 비어 선장이 주재하는 임시군법회의 재판을 받고 사형 당하게 된다.

3) 재판관 비어 선장: 이상적인 예술가

멜빌이 생애 마지막 작품에서 애써 그려낸 것은 이상적인 예술가, 재판관, 또한 전함의 선장인 비어의 초상화이다. 흔히 비어는 군사적 공리주의자, 현상유지자, 정치적인 편의주의자, 권력에 맹종하며 폭력을 휘두르는 예술가로 비판되나 작가가 오랜 탐구 끝에 그려 낸 이상적인 인물이다. 작가는 넬슨을 통해 인류를 구원에 이르게 하는 영웅주의를 그려낸다. 또한 자신의 신념을 현실에서 실천한 넬슨에 버금가는 영웅으로 비어 선장의 여정을 제시한다. 피쿼드 호 항해 이전에 고래에게 자신의 다리를 절단당하는 사건을 통해 개인을 희생시키는 냉혹한 현실을 대면한 후 고래잡이 항해를 떠나게 되는 아합 선장의 길은 바로 클래거트 살해사건을 목격한 이후 빌리를 재판하고 처형하며 에데 호와 격전을 벌이는 비어선장의 여정이기도 하다. 그러면 비어의 개인적인 특성과 재판에 참여한 장교들의 항의에도 불구하고 사건의 진상을 밝히고 그 해결방법을 제시하는 예술가 비어의 창작과정이기도 한 재판장면을 고찰해보도록 하겠다.

몽테뉴를 좋아한다는 비어의 독서취향은 그에 대한 작가의 태도를 이해하는데 중요하다. 다시 말해서 멜빌도 몽테뉴의 세계관 뿐 아니라 미묘한 문체 때문에 좋아했으므로 비어는 작가를 대변하는 인물임을 알 수 있다. 몽테뉴는 근본적으로 위대한 휴머니스트이나 정치적으로는 실용주의자이다. 그러므로 몽테뉴의 영향을 받아 비어는 빌리의 문제를 몽테뉴같은 판단으로 해결하게 된다. 비어는 전함세계의 확립된 질서를 유지하는 것이 세계의 평화와 인류의 진정한 복지를 위한 단 하나의 수단이 된다는 신념을 지닌다. 그는 몽테뉴를 읽고 "자신의 확고한 신념은 정치, 사회적인 새로운 견해들의 물결에 대항하는 든든한 제방과 같은 역할을 한다"(340)는 자신의 생각을 다시 확인하게 된다고 한다. 다시 말해서 그는 휴머니즘을 실천하려는 전함세계의 목표에 반발하는 선원들의 움직임을 봉쇄하겠다는 굳은 결심을 하게 된다. 따라서 비어는 자신의 임무를 다하며 인도주의를 실천하는 전함세계의 질서에 대한 굳은 신념을 가지고 있고 극히 엄격한 규율가이기 때문에 부하들의 규율위반을 결코 용납하지 않는다. 멜빌 작품에서 이름은 인물들의 성격을 객관적으로 파악할 수 있는 단서로 중요하다. 비평가들은 비어 선장의 이름의 의미에 대해 많은 관심을 기울여온 바 있다. 가령 비어(Vere)라는 단어는 '진리'를 뜻하는 라틴어 'veritas'와 '두려움'을 의미하는 'veritus'에서 유래된다.(Hurtgen 175) 따라서 그의 이름은 자신이 희생당할 것에 대한 두려움을 극복하며 진리를 실천해나가는 비어의 여정을 함축한다. 아울러서 진실이 입증된 공정한 재판을 의미하는 그의 이름 'fairfax'와 법률용어, 선례준수의 법리(stare decisis)에서 유래된 'Starry'라는 별명에서 재판과정의 공정성을 저자가 인정했음을 알 수 있다. 즉 이 별명은 매우 이론적이고 원칙을 고도로 준수하며(Hurtgen 175) 매사에 극단과 과장을 피하는 비어의 특성(Miller 225-26)을 아주 잘 보여준다.

그가 호감을 가졌던 빌리가 상관 클래거트를 살해하는 끔찍한 현실을 직면한 뒤 비어는 인도주의 정신과 어긋나는 빌리를 처형하려는 결단을 내리고 클래거트와 같은 여정을 밟아나간다. 멜빌은 그의 작품, 『티몰레온』(Timoleon)에서 이타주의와 순수한 선을 위해 형제나 폭군을 죽이게 되는 행동을 '초월적인 행동'(Transcendent Act)이라고 설명한 바 있는데 이는 바로 비어 선장의 특징이다. 즉 고통당할 개인의 결과는 고려하지 않고 단지 해야 하기 때문에 하며 교활한 악의 가면을 완전히 벗겨 버리고자 하는 행위이다.(Shurr 254) 따라서 이는 자신은 희생당하지만 트라팔가(Trafalgar)해전에서 승리를 거둔 넬슨의 영웅주의적인 행동과 같은 차원에서 일어난다고 볼 수 있다. 비어와 넬슨의 연관성은 작품 속에서 여러 번 반복된다. 가령 비어의 죽음장면을 들 수 있다. 화자는 비어의 죽음장면에서 그의 "야망은 결코 충분한 명성에 이르지 못했다"(406)고 주장하나 이 부분에서 넬슨의 위대한 승리들이 언급되는 점에서 함축된 작가의 상반된 평가를 알 수 있다. 비어가 죽음으로써 빌리의 원수를 갚은 것 이라기보다는 넬슨처럼 목숨을 잃었지만 반란에 맞서 끝까지 전함세계의 안전을 지킴으로써 그의 의무를 완수한 것이다. 또한 재판결과를 빌리에게 알려주는 장면에서도 넬슨과 같은 성직자적인 동기를 비어가 지니고 있었음이 강조된다.

> 군인으로서의 임무에 성실하게 몰두해오던 그는 태고 적부터 우리의 인간성에 내재되어 있는 바에 자신을 다시 젖어들게 한다. 아브라함이 엄격한 명령에 복종하기 위해서 단호하게 공물로 바치기 직전에 어린 이삭을 가슴에 안았듯이 결국 그는 빌리를 가슴에 안는다. (392)

위의 성서참조에서 이삭을 내놓는 아브라함의 심정으로 비유되는 비어 선장의 결정, 즉 자신의 분신이라고도 할 수 있는 빌리를 처형하는 결정은 넬슨의 자기희생정신과 같은 차원에서 이뤄진다.(Stern 233) 다시 말해서 비어는 난폭한 주민들이 격노하여 오르페우스, 즉 예술가를 희생시킬 것을 예견하지 못하는 것이 아니라 이를 직시했음에도 불구하고 자신의 희생을 무릅쓰고 진실된 길을 걸어 나가는 것이다. 전함에서 비어가 "꿈결 같은 기분"(339)에 사로잡혀 가끔 현창을 통해서 혼자 망망대해를 바라보는 장면은 자신의 희생을 감수해야 하는 고통스런 여정에서 잠시나마 벗어나고자 하는, 편안한 삶을 갈구하는 평범한 인간으로서 그의 번민을 보여준다. 그러나 그는 굳은 의지력으로 이를 극복해 나간다. 따라서 소설 후반부로 갈수록 비어가 희생되어가는 모습이 심화되어 빌리에게 재판결과를 알리고 나오는 그의 얼굴에는 "강한 자의 고뇌"(392)가 서려 있으며 구식 총처럼 온 몸이 꼿꼿해지고 마비되어 교수된 것 같은 모습을 보여준다. 따라서 마지막에 처형당하는 빌리가 "비어선장을 축복하여 주소서!"(400)라며 축원하자 선원들도 따라 외치는 장면에서 비어 선장은 작가가 제시하는 진정한 영웅이었음이 다시 한 번 뚜렷하게 부각된다.

빌리가 사형된 후 전함 벨리포턴트 호는 주함대로 돌아오게 된다. 그때 프랑스 전함인 에데 호를 만나 싸우게 되고 여기서 부상을 입은 비어는 죽게 된다. 그는 항상 적과의 교전에 대비해 강력한 힘을 지닐 것을 바랐었는데 에데 호와의 충돌에서 그 타당성이 입증된다. 결국 벨리포턴트 호는 크게 승리한다. 비어선장을 "가장 내밀한 열정인 자신의 야심을 실현시키는데 몰두해 왔다"(406)고 묘사하는 구절에서 볼 수 있듯이 프랑스 전함 에데 호를 포획함으로써 반란집단을 진압하는데 성공해 그는 전함세계의 가치관을 보전할 수 있었음이 함축적으로 제시되고 있음을 알 수 있다. 식민지 제국을 건설해나가던 나폴레옹의 전함을 격파시킨 바 있는 넬슨제독의 경우처럼 비어 선장의 경우도 프랑스 혁명정신을 실천하려던 목표에서 이탈한 에데 호와 전쟁을 벌이는 것이다. 이로써 전함의 목적은 바로 프랑스 혁명정신을 실천하는데, 즉 휴머니즘을 구현하는데 있었음이 보다 확실해진다.

그러면 비어 선장이 주재하는 임시군법회의 진행과정과 그 결정의 의미를 중점적으로 살펴보자. 이 장면은 바로 비어가 인간의 가치를 지키기 위해 휴머니즘을 실천해나가는 과정이다. 끝까지 자신이 진정한 오르페우스의 전통을 따랐다고 믿으며 가책없이 죽는 비어의 모습에서 알 수 있듯이 그는 예술가로서의 본분에 충실하였다. 재판장면에서 비어가 반복해서 간섭하고 또한 판결이 이미 비어의 머리 속에 결정되어 있었다며 재판이 공정하지 않다고 보는 비평시각들이 많다. 그러나 이런 특성은 오히려 법정논의를 시작하기 전 "자신의 생각을 가장 잘 전달하기 위해 신중하게 생각"(386)하는 모습과 아울러서 자신의 신념을 창작과정에 진실 되게 반영하고자, 진실을 밝히려는 원래 목적에서 이탈되지 않도록 고민하는 진지한 예술가로서의 비어의 존재를 입증해주는 증거가 된다. 이는 바로 고래잡이 항로를 파악하기 위해 빈틈없는 해도작성에 열중하는 아합 선장의 모습이기도 하다.(Seeyle 167)

빌리가 자신의 팔로 클래거트를 쳐서 쓰러뜨리자 비어는 "저주받은 이여, 당신은 무슨 일을 한 것인가!"(377)라고 말한다. 빌리라는 인물은 결국 전함세계의 가치관과는 반목되는 존재임을 깨닫고 비어는 이때 이미 판결을 내리는 것이다. 따라서 그 이후 사건을 검토하던 비어가 얼굴에서 손을 뗐을 때 "아버지같이 온화한 그의 얼굴이 엄격한 규율가로 변형되었다"(377)고 묘사되듯이 그는 인간적인 감정을 억누르고 엄격한 규율을 따른다. 즉 비어 선장이 클래거트의 죽음을 목격한 후 빌리가 대변하는 바, 이상과 괴리된 현실의 모순을 해결해나가는 여정이 바로 재판과정이다. 또한 빌리 사건을 목격하고 비어는 생각에 잠겼다가 다시 "신의 천사에게 죽임을 당한 것이다! 그러나 천사도 교수형에 처해져야 한다!"(378)라고 외친다. 여기서부터 비어의 딜레마가 시작된다. 그는 빌리를 응징해야한다고 생각하나 동시에 이는 자신의 희생을 무릎쓰는 힘든 일이기 때문이다. 그러나 이를 극복하고 임시군법회의 소집을 의사에게 명하며 비밀을 지킬 것을 요구한다. 선장실을 나서며 의사는 비어가 정신이상이 아닌지 의심한다. 그렇게 중대한 비극을 임시군법회의로 처리하려는 선장의 판단을 그는 적당치 않다고 생각하기 때문이다. 최소한 관례에 따라 빌리를 감금하고 그들이 함대와 합류해서 재판을 제독에게 넘겨야한다고 생각한다. 그에게서 소식을 들은 다른 장교들도 마찬가지로 생각한다.

절박함을 느끼지 않는 장교들과 달리 그는 서둘러 재판을 소집하며 비밀리에 폐쇄된 선장실 갑판아래에서 재판을 연다. 불상사가 일어난 바로 그 선장실에서 재판이 열린다. 저자의 설명이 극도로 자제된 멜빌 작품 분석에 있어서 상징이나 배경묘사는 함축된 작가의 의도를 파악할 수 있는 중요한 단서가 된다. 멜빌은 선장실이 "배의 갑판보와 일치되는 길이로 꽤 큰 직사각형 모양"(382)이라고 묘사한다. 이것은 재판에 포함되어 있는 정의의 범위를, 즉 자연의 둥근 모습을 사각형으로 만들려고 하는 인간의 고집을 의미한다.(Seeyle 167) 다시 말해서 재판을 통해 비어선장은 멜빌작품에서 자연이 의미하는바 혼란스런 문제를 힘들여 해결해나가고 있음을 알 수 있다. 또한 빌리가 죽고 난 뒤 대낮이 되자 양털구름이 사라지게 되는데 그 주위의 차분한 대기를 "아직 대리석 상인의 집, 앞뜰에서 옮겨지지 않은 윤이 나게 잘 닦인 대리석 덩어리"(405)와 같다고 묘사하는 구절에서 볼 수 있듯이 이는 작품 마지막에 등장하는 대리석 이미지와도 연결된다.(Seeyle 171) 이로써 재판과정은 예술가의 창작과정이기도 함이 입증된다.

비어 선장은 전함의 질서를 해친 빌리의 행동은 해군법상 처형되어야한다고 판단하고 그를 처벌하기 위해 장교들에게 호소한다. 전함세계에 감도는 반란기운이 확산되는 것을 염려해서 그는 빌리의 동기가 아니라 행동을, 클래거트가 빌리를 고발한 이유가 아니라 클래거트를 살해한 사실만을 고려하라고 요구하면서 재판을 진행해 나간다. 반란모의를 알면서도 보고하지 않았을 뿐 아니라 상관을 죽인 빌리 사건은 논쟁의 여지없이 가장 가공할만한 군사적인 범죄라는 것이다. 이는 사건에 대한 해군신문과 같은 시각이다. 반면에 빌리는 반란자도 아니고 반란자로 교수 당하게 되는 것도 아니고 단지 그가 상관을 친 사실이 다른 선원들에게 반란의 위험을 불러일으킬 소지가 있다고 해서 교수형에 처해진다는 것이 화자의 입장이다. 1797년 대반란이 일어나 혼란스런 영국 해군의 상황이 소설 배경이라는 점은 빌리의 죄에 대한 선장의 결정을 판단할 수 있는 중요한 근거가 된다.

흔히 비어 선장은 법 정신과 어긋나게 지배계급의 이익을 위해 독단적으로 재판을 진행해 나갔다고 비판된다. 나아가서 그는 법을 정확히 준수하지 못할 뿐 아니라 빌리를 처형하는 기준이 되는 군법(Articles of War)자체도 결함이 있다는 주장도 있다. 그러나 비어선장의 재판결정은 반란과 관련된 재판에서 형을 선고하고 처형할 수 있다는 법 조항에 완벽하게 부합된다. 통례적으로 제독이 지휘관들에게 지속적으로 분별 있는 단속을 할 수 없어서 개개 선장에게 많은 권한을 주었다는 사실을 참조해야한다.

빌리는 재판에서 세 가지 질문을 받는다. 왜 클래거트가 그에게 적의를 품었는가? 선상에서 반란의 조짐을 알아챘는가? 그들 사이에 적의가 없었다면 왜 클래거트가 거짓말을 해야만 했는가? 해군대령(captain of the marines)이 빌리와 클래거트 사이에 악의가 있었는지 질문하자 화자는 이는 빌리에겐 모호한 사고영역이라고 서술한다. 빌리는 말할 수 있었더라면 그를 치지 않았을 것이라며 "폭력으로 말할 수 있었을 뿐"(383)이라고 한다. 항해사의 "둘 사이에 악의가 없었다고 주장했는데 왜 클래거트가 그렇게 사악한 거짓말을 하였는가?"(384)라는 질문에 당황한 빌리 대신 비어가 다음과 같이 답변한다. 이 같은 감정적인 문제는 구체적으로 뚜렷이 나타낼 수 없는 종류의 문제이며 다만 그들이 맡은 바 임무는 상관을 죽인 빌리에 대한 심판일 뿐이라고 비어는 주장한다. 해군대령은 이 사건의 불가해한 부분을 측면에서 조명해 줄 증인이 없다는 사실에 대해서 불만을 토로한다. 이 말에 대해서 비어는 그런 문제는 신학자들이나 논할 문제로 군사재판은 그것과 관계가 없다고 답변한다.

빌리가 퇴장하고 난 후에도 재판관들은 여전히 결정을 내리지 못하자 증언대에서 비어는 그의 법정논의를 시작한다. 이 사건은 군법에 의해 현실적으로 다루어져야 한다고 주장한다. 빌리가 저지른 죄의 동기를 분석하고자하는 법관들에게 비어는 빌리의 결과적인 행동을 문제 삼아야 한다고 역설한다. 그는 재판관들이 정의구현에 대해 지나치게 신중하며 근거 없이 감상적이라고 비난한다.

> 어떻게 우리가 신 앞에 죄가 없는 동료를 재판하고 그에게 치욕적인 죽음을 선고할 수 있는 것인가? 그리고 우리는 그렇게 해야 한다고 생각합니까? 옳게 얘기한 것입니까? 여러분은 동의하는 표시를 하시는군요. 네 나도 그것을, 그 굉장한 영향력을 느낍니다. 그것은 자연입니다. 그러나 우리가 입고 있는 제복의 단추는 자연에 대한 충성을 입증하는 것입니까? 아닙니다. 왕에 대한 충성입니다. 신성한, 태초의 자연인 이 대양이 선원인 우리들이 활동하는 영역이나 왕의 장교로서 우리의 의무는 자연의 영역에 있는 것입니까? 아주 그렇지 않습니다. 장교로 임명됨으로써 우리는 가장 중요한 점에서 자유로운 행위자가 되기를 멈춘 것입니다. (387)

비록 그들은 해군으로서 자연의 영역인 대양에 떠있는 전함을 타고 있으나 자신들이 입고 있는 제복이 분명히 나타내듯이 그들의 상관인 왕에게 충성을 다 해야만 한다는 것이다. 비어는 그들에게 영국왕의 신하로서 실제적인 군법을 다루어야하는 재판관의 입장에 있음을 환기시킨다. 그리고 "법의 냉혹함에 대해서 우리는 아무런 책임감이 없습니다…아무리 법이 냉혹하게 운용되더라도 우리는 이를 고수하고 집행해야 합니다"(387-88)라며 비어는 장교들에게 냉혹한 법집행자가 될 것을 요구하는 것이다.

또한 비어는 법에 따라 재판을 속행할 것을 당부한다. 재판관들은 더욱 마음이 동요되어 큰 내적인 갈등을 겪게 된다. 이에 비어는 군법에 의하면 전시 해상에서 전함의 선원이 그의 상관에게 폭력행위를 하는 것은 가장 큰 죄가 된다고 주장한다. 이에 항해사는 "빌리가 반란을 획책한 것도, 살인을 의도한 것도 아니지 않느냐며"(388) 이의를 제기한다. 이 발언은 비어의 다음 논쟁에 대한 촉진제가 된다. 법에는 두 가지가 있는데 인간의 법과 신의 법이 그것이라고 말한다. 빌리 사건은 전시에 해군 전함에서 발생한 것이므로 이 경우 반란법(Mutiny Act), 즉 인간의 법에 해당된다. 그런데 전쟁에서 선한 사람이라도 적이라는 이유 때문에 죽이게 되는 것 같이 반란법도 범법자의 의도보다는 그 행위의 결과만을 문제 삼는다고 주장한다. 그러므로 빌리는 인간의 법인 반란법에 따라 처형되어야만 한다는 것이다. 그는 이렇게 재판을 지연시키면 적이 군법회의를 눈치 채서 교전이 불가피해질지도 모른다고 주장한다. 그러니 판결을 서둘러야 한다며 "그를 처벌하거나 풀어주는 두 방법 중에서 하나를 택해야한다"(389)라고 말하며 재촉한다. 이에 항해장(Sailing master)이 "우리가 확신하지 못하니 처벌을 완화할 수 있는 것 아니냐?"(389)라고 이의를 제기한다. 이 제안에 비어는 그렇게 됐을 경우의 뒷일을 걱정한다. 선원들에게 빌리의 행동은 반란을 목표로 한 살인행위로 파악된다는 것이다. 그러므로 만일 빌리에게 응당한 처벌이 가해지지 않으면 최근 노아선상에서 일어난 반란과 같은 것이 발생할 위험이 있다는 것이다. 이러한 비어의 판단에 대해 명백한 의문점을 지니고 있는 듯한 인상을 화자는 부여하나 자신의 반란음모를 고발하는 클래거트를 죽인 빌리의 폭력보다 더 명확한 증거가 있을 수 있겠는가? 빌리의 범행의도 여부에 더 관심을 두고 있던 재판관들은 군사상의 필연성을 내세우는 비어선장의 강력한 설득에 마침내 복종하게 된다. 재판관들은 의심이 사라졌기 때문이라기보다는 선장이라는 비어의 권력에 압도되어 그들의 직책이 상실될 것을 두려워하여 감히 반발하지 못한다. 모비딕 추격 작업에 선원들을 선동하는 과정에서 볼 수 있었던 아합의 폭력과 독단처럼 재판진행 과정상 비어가 취하는 독단은 불가피한 것이다. 재판관들은 하는 수 없이 비어의 의도대로 다음 날 새벽 빌리를 교수형에 처할 것을 선고한다.

  빌리에 대한 사형구형과 집행을 둘러싸고 비어를 위시한 장교들과 선원들 사이에 의견대결이 생겼다. 이 장면에서 보여지는 선원들의 반응을 통해 그들에게 사실을 밝혀서는 안 된다는 비어 주장이 정당했음을 알 수 있다. 처음에 선원들은 빌리에 대한 사형선고 언도에 이의를 제기하지 않고 묵묵히 듣는다. 사형선고를 다 듣고 나자 화난 중얼거림이 그들 사이에서 일어나 점점 커지기 시작하여 마침내 갑판장과 그의 동료들이 날카로운 호각소리로 이를 저지하게 된다. 그리고 바람 쪽으로 배를 돌리라는 명령이 떨어진다. 이는 재판결정에 의문을 품은 선원들의 화난 중얼거림에 대결하고자 취해진 시도이다. 또한 보초가 배치되고 목사 이외에는 아무도 빌리와 대화를 하지 못하도록 엄한 명령이 내려진다. 빌리가 죽고 난 뒤에도 마찬가지 상황이 벌어진다. 선원들의 중얼거림이 목격되며 외침으로 발전하기 전에 장교들은 북을 쳐서 선원들을 부서에 배치시킴으로써 이를 진압한다. 그만큼 선원들 사이에는 반란의 기운이 팽배해 있었던 것이다.

3.

　　비어 선장의 여정을 통해 『빌리버드』는 진실을 구현하는 예술가의 임무에 대한 멜빌의 심도 깊은 탐구가 담겨 있는 작품임을 알 수 있다. 이는 빌리버드 사건에 대한 화자의 결론이 내려진 뒤 그와 의견을 달리하는 두 개의 이야기, 즉 해군관보와 선원들의 민요 등으로 작품이 마무리되는 점에서 보다 확실해진다. 이들 속편을 통해서 빌리를 예수에 버금가는 영웅으로 주장해온 화자 이야기의 예술적인 통일성이 붕괴되고 그의 세계관은 설득력을 잃게 된다. 빌리가 처형된 후 불려지는 선원들의 민요인 '수갑을 찬 빌리'에서 빌리는 더 인간적인 모습으로 그려지고 여자 친구 몰리(Bristol Molly)와 타프(Taff) 등 화자의 이야기에서는 등장하지 않았던 인물들이 언급되는 등 사건의 진상은 화자의 이야기와 차이가 있음이 제시된다. 또한 해군신문에 의하면 클래거트가 반란음모를 발견하여 선장에게 모든 것을 보고하기 전에 윌리엄 버드(William Budd)가 원한을 품고 빼낸 칼에 의해 그는 숨졌다고 한다. 즉 비극의 희생자는 클래거트이고 빌리는 끔찍스런 범죄를 저지른 자이다. 따라서 화자의 이야기에서 교활한 이국인으로 묘사되었던 클래거트는 사실은 진정한 영국 영웅으로서 애국자임을 알 수 있다. 나아가서 그와 같은 여정을 밟은 비어선장은 자신의 희생을 무릅쓴 넬슨에 버금가는 영웅으로 제시되고 있음을 알 수 있다.

　　멜빌은 대중들의 무관심 속에서도 작가적 소신에 의해 창작 작업을 해나갔으며 자신의 길에 대한 확고한 신념을 가지고 있었다. 멜빌이 그의 생애 절정에 있을 때 집필한 『모비딕』에서 덜 끝나고 덜 말해진 채 남겨진 것을 완성하고 그 잘못을 고친 작품이 『빌리버드』라고 말할 수 있다. 이스마엘 유형의 예술가인 화자는 빌리 사건을 사회의 통념적인 눈으로 바라봄으로써 사건의 진상을 왜곡하게 된다. 반면에 기존 통념과는 다른 진실을 포착하는 비어선장은 이를 현실 속에서 구현하기 위해 빌리 사건에 대한 재판을 열고 그에게 사형을 구형한다. 이러한 비어의 길이 부조리한 현실의 문제를 해결해낼 수 있는 기틀이 됨을 알 수 있다. 그것은 결국 인간의 권리를 지킨다는 이상과 달리 폭력이 지배하는 상선과 같은 세계관을 지닌 에데 호를 격파하게 되는 상황을 통해서 제시되고 있다. 그의 유언처럼 남긴 이 작품에서 멜빌은 현실의 소리를 진리로 오도하는 예술가 이스마엘 만이 생존하게 되는 『모비딕』의 세계와 달리 죽음을 무릅쓰고 진리를 구현하는 비어의 여정을 통해 삶의 리얼리티와 예술가가 걸어 가야할 길을 보여준다.

<참고문헌>

Adler, Joyce Sparer. *War in Melville's Imagination.* New York: Columbia UP, 1981.

Aldergis, A. Owen. *Thomas Paine's American Ideology*: Delaware UP, 1984.

Arvin, Newton. *Herman Melville.* London: Methuen and Co., Ltd, 1950.

Bercovitch, Sacan. *American Jeremiad.* Madison: Wisconsin UP, 1981.

Booth, Wayne C. *The Rhetoric of Fiction.* Chicago: Chicago UP, 1983.

Colatrella, Carol. *Literature and Moral Reform: Melville and the Discipline of Reading.* Gainesville: Florida UP, 2002.

Davis, Clark. *After The Whale.* Tuscaloosa; Alabama UP, 1995.

Dillingham, William B. *Melville's Later Novels.* Athens: Georgia UP, 1986.

Duban, James. *Melville's Major Fiction: Politics, Theology, and Imagination.* Dekalb: Northern Illinois UP, 1983.

Franklin, H. Bruce. *The Wake of the Gods: Melville's Mythology.* Stanford: Stanford UP, 1963.

Hurtgen, James R. "Billy Budd and the Context of Political Rule", *Critical Essays on Melville's Billy Budd, Sailor.* Ed. Robert Milder. Boston: G.K.Hall & Co, 1989.

Grenberg, Brucel L. *Some Other World to Find: Quest and Negation in the Works of Herman Melville.* Urbana: Illinois UP, 1989.

Melville, Herman. *Billy Budd, Foretopman.* New York: The Modern Library, 1952.

_____. *Billy Budd, Sailor.* New York: Penguin Books, 1967.

_____. *The Letters of Herman Melville.* Eds. Merrell R. Davis and William H. Gilman. New Heaven: Yale UP, 1960.

Milder, Robert. Ed. *Critical Essays on Melville's Billy Budd, Sailor.* Boston:

G.K. Hall & Co, 1989.

Miller, James E. *A Reader's Guide to Herman Melville*. New York: The Noonday press, 1962.

Parker, Hershel. *Reading Billy Budd*. Evanston: Northwestern UP, 1990.

Renker, Elizabeth. *Strike Through the Mask*. Baltimore: John Hopkins UP, 1996.

Rosenberry, Edward. *Herman Melville*. London: Routledge and kegan Paul Ltd, 1979.

Samson, John. *White Lies: Melville's Narratives of Facts*. Ithaca: Cornell UP, 1989.

Scorza, Thomas J. *In The Time Before Steamships: Billy Budd, The Limit of Politics, And Modernity*. Dekalb: Northern Illinois UP, 1979.

Seeyle, Jhon. *Melville: The Ironic Diagram*. Evanston: Northern Western UP, 1970.

Sherrill, Rowland. A. *The Prophetic Melville: Experience, Transcendence, and Tragedy*. Athens: Georgia UP, 1979.

Shulman, Robert. *Social Criticism & Nineteenth Century American Fiction*. Columbia: University of Missouri Press, 1987.

Shurr, William. H. *The Mystery of Iniquity: Melville as Poet*. Kentucky: Kentucky UP, 1968.

Springer, Haskell S. Ed. *The Merrill Studies in Billy Budd*. Columbus: Charles, E. Merrill Publishing Company, 1970.

Stern, Milton R. *The Fine Hammered Steel of Herman Melville*. Urbana: Illinois UP, 1968.

Thompson, Lawrence Roger. *Melville's Quarrel with God*. Princeton: Princeton UP, 1952.

Weisberg, Richard H. *The Failure of the Word: The Protagonist as Lawyer in Modern Fiction*. New Haven and London: Yale UP, 1984.

Wenke, John. *Melville's Muse*. Kent: Kent State UP, 1995.

L.I.E. **영문학총서 발간위원회**

위원장: 이만식(경원대)
19세기 영어권 문학회 위원: 여홍상(고려대), 장정희(광운대), 유명숙(서울대)
윤효녕(단국대), 김현숙(수원대), 정규환(한양대)
전세재(한양대), 이선주(송호대), 조병은(성공회대)
이소희(한양여대), 엄용희(명지대)

익시온의 고뇌

인쇄일 초판1쇄 2007년 9월 10일 / **발행일** 초판1쇄 2007년 9월 17일
지은이 김옥례 / **발행처** $\mathcal{L}. \mathcal{I}. \mathcal{E}.$ / **등록일** 2006. 11. 02 제17-353호

서울시 강동구 암사동 463-25 2층 / Tel : 442-4623~4 Fax : 442-4625
www.kookhak.co.kr / E-mail : kookhak2001@hanmail.net
ISBN 978-89-959111-6-7 *94800 / 가 격 15,000원
        978-89-959111-5-0 *94800 (set)

저자와의 협의하에 인지는 생략합니다.

$\mathcal{L}. \mathcal{I}. \mathcal{E}.$ (Literature in English)